当代高校体育科学化教学创新研究

韩　云◎著

中国原子能出版社

图书在版编目(CIP)数据

当代高校体育科学化教学创新研究 / 韩云著. -- 北京 : 中国原子能出版社, 2023.4
ISBN 978-7-5221-2660-9

Ⅰ. ①当… Ⅱ. ①韩… Ⅲ. ①体育教学－教学研究－高等学校 Ⅳ. ①G807.4

中国国家版本馆CIP数据核字(2023)第071491号

当代高校体育科学化教学创新研究

出版发行 中国原子能出版社（北京市海淀区阜成路43号 100048）
责任编辑 杨晓宇
责任印制 赵 明
印　　刷 北京天恒嘉业印刷有限公司
经　　销 全国新华书店
开　　本 787㎜×1092㎜ 1/16
印　　张 12.25
字　　数 213千字
版　　次 2023 年 4 月第 1 版 2023 年 4 月第 1 次印刷
书　　号 ISBN 978-7-5221-2660-9 **定　价** 72.00 元

作者简介

韩云，女，1979 年出生，山东济南人，浙江科技学院讲师，毕业于苏州大学体育学院，研究生学历。主持厅局级课题 1 项、校级课题多项，参与省部级课题、厅局级课题多项，出版专著 1 部，在外文 EI 检索、国内核心期刊等发表论文数篇。

前言

体育教学历史悠久，随着人类社会的发展，体育教学经历了一个不断充实、完善的过程。作为我国高校教育和体育教育的重要组成部分，高校体育教学在推动我国体育和教育事业发展、促进大学生全面健康发展方面发挥着重要作用。

在传统教学思想的指导下，我国体育教学已经难以跟上时代发展和社会需要：教学模式单一，教学内容乏味枯燥，教学方法陈旧落后，与现代教育思想严重不符，不能很好地体现现代教育理论在具体教学实践中的应用。针对以上种种弊端，考虑到现代教育思想的深刻变革，我们需要认清形势，进一步完善现代体育教学体系。

本书共分为五章。第一章为当代高校体育教学基础发展概况，主要从体育教学的目标、原则与方法，高校体育教学的发展背景，当代高校体育教学的发展现状与问题三个方面展开论述；第二章为当代高校体育教学思想的创新性探索，主要围绕体育教学过程的基础分析、我国体育教学思想的发展、科学化教育思想在当代高校体育教学过程中的创新运用展开论述；第三章为“互联网 +”环境下高校体育课堂教学模式，依次介绍了高校体育教学中的环境因素、互联网与当代高校体育教学的关系论述、“互联网 +”环境下创新高校体育科学化课堂教学模式三个方面的内容；第四章为当代高校体育教学评价体系的创新构建，依次介绍了高校体育教学与学习的主体、体育教学评价的基本理论、高校体育教学评价的相关因素分析、当代高校体育以人为本的科学化教学评价四个方面的内容；本书第五章为当代高校体育科学化教学方法的创新，分为四部分内容，依次是体育教学方法概述、高校体育教学方法的发展、高校体育教学方法的选择与应用、高校体育科学化教学方法的创新实施。

在撰写本书的过程中，笔者得到了许多专家学者的帮助和指导，参考了大量的学术文献，在此表示真诚的感谢。本书内容系统全面，论述条理清晰、深入浅出，但由于笔者水平有限，书中难免会有疏漏之处，希望广大同行和读者批评指正。

目录

第一章　当代高校体育教学基础发展概况……1
第一节　体育教学的目标、原则与方法……1
第二节　高校体育教学的发展背景……12
第三节　当代高校体育教学的发展现状与问题……19

第二章　当代高校体育教学思想的创新性探索……26
第一节　体育教学过程的基础分析……26
第二节　我国体育教学思想的发展……35
第三节　科学化教育思想在当代高校体育教学过程中的创新运用……41

第三章　“互联网+”环境下高校体育课堂教学模式……57
第一节　高校体育教学中的环境因素……57
第二节　互联网与当代高校体育教学的关系论述……64
第三节　“互联网+”环境下创新高校体育科学化课堂教学模式……72

第四章　当代高校体育教学评价体系的创新构建……89
第一节　高校体育教学与学习的主体……89
第二节　体育教学评价的基本理论……106
第三节　高校体育教学评价的相关因素分析……117
第四节　当代高校体育以人为本的科学化教学评价……132

第五章　当代高校体育科学化教学方法的创新……148
第一节　体育教学方法概述……148
第二节　高校体育教学方法的发展……156
第三节　高校体育教学方法的选择与应用……162
第四节　高校体育科学化教学方法的创新实施……178

参考文献……187

第一章　当代高校体育教学基础发展概况

目前，全面实施素质教育、促进学生健康成长，是摆在我们面前的一项艰巨的任务。体育教学作为学生健康教育的重要内容，已经受到广泛的关注。本章内容为当代高校体育教学基础发展概况，主要从体育教学的目标、原则与方法，高校体育教学的发展背景，当代高校体育教学的发展现状与问题三个方面展开论述。

第一节　体育教学的目标、原则与方法

当前，体育事业迅猛发展，并且取得了卓越成果。这与体育教学的顺利开展是有着密不可分的联系的。体育教学，是一种教育过程，其主要目标在于将体育的相关理论知识和实践技能教授给学生，使学生的体质增强，并培养体育人才。

一、体育教学目标

教学活动是一种有目的、有目标的行为，目标是保证活动按照一定方向有效实施的关键，体育教学自然也不例外。

（一）目标、教学目标的概念

对体育教学目标的概念进行研究，首先应该清楚目标和教学目标的概念，这样有助于人们了解和掌握体育教学目标的内涵。

1. 目标

目标是指某一活动在一定时期内预期达到的程度和所取得的效果。目标通常是一个体系或是一个系统，具有方向性、层次性、可操作性和挑战性。在某项活动开始前，制订活动目标，不仅能够激发参与者的热情，同时还能使参与者明确活动的方向。

2. 教学目标

教学本身就是一个实践的过程，教师和学生在这种实践活动中的目标就是教学目标。《教育大词典》中对教学目标的解释为“教学目标是教学中学生预期达到的学习效果和标准”，这为教学活动提供了方向。

（二）体育教学目标相关概念

立足于体育教学的研究，体育教学目标与体育教学任务和体育教学目的之间有着不可分割的密切联系。

1. 体育教学的目的

体育教学的目的，实际上就是指开展体育教学活动是为了什么，学校开展体育教学是为了达到什么效果。因此，体育教学目的可定义为：人们设立体育学科和实施体育教学所要达到的某种结果和期望。从体育教学目的的定义可以看出，体育教学目的贯穿于整个体育教学活动，是教学活动的指导思想，控制着体育教学开展的进程和方向。

2. 体育教学的任务

所谓任务就是指被委派的某种工作和责任，即上级为了保证某种期望能够顺利完成而向下级布置的工作。体育教学任务实际上就是体育教师在教学过程中要做的工作。由此可见，体育教学任务是为体育教学目的服务的，是体育教学的中间环节，为体育教学目的的实现提供保证。

3. 体育教学的目标

体育教学目标是通过对体育教学任务和体育教学目的的分析、归纳、总结而制订的较为完善的教学工作计划，是教学过程中教师努力的方向和希望达到的预期教学成果。体育教学目标强调的是教学目的和教学任务的阶段性，强调教学过程中各个阶段的任务和预期效果。

（三）体育教学目标的划分

同其他学科一样，体育教学目标也可以按不同标准进行划分。

1. 体育教学目标的领域划分

体育教学目标依据教学的不同领域进行分类，可以分为知识、技能、体能、情意四大类。传统的体育教学目标将这四大类教学目标交织在一起，给高校的体育教学带来了一定的困惑和困难。从事任何一种学科的教学，其目标内容都是由情感态度要素、知识要素和基本能力要素组成的。如果我们打破传统较为笼统的体育教学目标，按照涉及的不同领域进行分类，将会给体育教学工作和教学目标的达成提供便利条件。下面将按照体育教学涉及的不同领域对体育教学目标进行划分并做简要的概述。

（1）知识目标

知识目标贯穿于体育教学过程的始终，是体育教学的基础，包括对健康的认识、体育目标概念及原理和体育教学规律的学习要求，如认识和理解体育锻炼对身体造成的影响，了解体育教学对心理健康的影响，了解体育教学在当今教育学和社会中的地位和意义。这样的教学目标能够使教师在教学的过程中有意识地向学生讲授一些体育基础知识，增加学生对体育教学的认识，激发学生对体育学习的热情。

（2）体能目标

体能目标主要体现在身体健康领域，是为了提高学生的体能素质、适应当今社会对学生的体能需求而制定的目标。例如，通过各种田径运动项目，提升学生的跑步速度；通过跳绳、跳高等运动项目，提升学生的有氧耐力；通过篮球、足球等各种球类运动，提升学生的反应速度和灵敏性。体能目标能让教师增强对体能训练的认识，有目的地对学生开展体能训练项目。

（3）技能目标

技能目标是使学生学习和掌握某项活动的操作技能和方法。比如在篮球课程的学习中，培养学生在打篮球过程中对战术的掌握和运用能力；在体操或舞蹈的学习过程中，学会肢体动作要领；在学习田径运动时，掌握几个主要的田径运动技能和方法等。技能目标明确了学生的学习领域和学习内容，提高了教学的针对性。

（4）情意目标

情意目标分散在体育教学目标的各个领域，主要集中在学生的心理健康和适应能力领域，包括学生的价值观、道德情感、心理素质、精神素质、社会价值等与心理健康相关的内容。比如参加某种体育教学活动，提高了学生的交际能力；在某种具有竞争性项目的活动中，加强了对学生的心理素质教育等。情意目标在教学过程中容易被忽视，对它进行划分有助于强化教师对教学过程中学生心理健康教育的重视。

2. 体育教学目标的层次划分

（1）学段体育教学目标

我国传统体育教学过程中对学段体育教学目标进行划分的标准基本上是学校教育的不同层次，因此可将体育教学分为小学、初中、高中和大学四个基本学段。这种学段划分的年龄跨度一般较大，如小学段的跨度为一年级至六年级，再加上小学阶段是学生身体成长最迅速的阶段，因此在教学的过程中仅采用学段教学目标，既会妨碍教学活动的开展，也会妨碍教学任务的落实。新课标打破传统教学目标设定的这一误区，对学段进行了较为详细的划分，将学段分为六个水平：一至二年级为水平一、三至四年级为水平二、五至六年级为水平三、初中为水平四、高中为水平五、大学为水平六，并且对每个水平都规定了相应的教学目标。这种形式的划分更符合学生的身心发展需要，使体育教学更具有科学性。

（2）学年体育教学目标

学年体育教学目标是在学段体育教学目标的基础上确立的，它是对每个学段内的学年体育教学活动目标的分解，是该学段的学生在学年结束时必须完成的教学任务，有助于科学地评价体育教师教学效果。

（3）单元体育教学目标

单元体育教学目标则是在学年体育教学目标的基础上制定的，单元是在实现学年目标的教学过程中，根据教学的模块进行的划分，是各门课程教学中相对完整的划分单位，它代表着课程编写者和课程开发者对课程结构的总的看法和认识，以及在此基础上对某一个教学内容的要求。任何一位教师在对学科课程进行教学时，都是按照单元目标组织教学活动的。

（4）课时体育教学目标

课时是教学活动进行的基本单位，是在单元教学目标的基础上确立的，连续几个课时的教学目标最终构成单元目标。课时目标的制定并不是客观存在的，而是根据教师自身的情况进行编写的，具有很大的灵活性。课时目标是构成以上各种目标的元素，因此，课时目标在体育教学目标的实现过程中就显得尤为重要。

（四）体育教学的具体目标

1. 增强体质、促进健康

增强体质、促进健康是体育教学的根本目标。体育锻炼能够使身体的各个部分得到锻炼、各方面的能力得到提升，从而有效增强体质，预防疾病，维护身体健康，延长寿命。同时，体育锻炼还能够帮助人发展体能、塑造形体。可以说，健康是增强体质的基础，增强体质是健康的进一步发展。人要想增强体质、促进健康，需做到以下几点：（1）重视体育锻炼；（2）注意营养补充；（3）养成良好的生活习惯；（4）选择合适的运动方式；（5）坚持科学锻炼，劳逸结合。

2. 丰富社会文化生活

在人的物质需求得到满足后，人们对精神文化方面的需求就越来越大，越来越多的人开始参与体育运动，丰富多样的体育活动逐渐进入了人们的日常生活，也逐渐构成了丰富多彩的社会文化生活。

丰富的文化生活是社会进一步发展的需要，体育运动对整个社会而言具有扩大社会交流、增进团结协作、助力良好的社会风尚的建立，以及促进社会精神文明建设等作用。

丰富社会文化生活需通过以下两种方式来实现：（1）参与。人们通过参与体育运动实践来体验运动的乐趣。（2）观赏。人们通过观赏体育表演、比赛等来感受运动的美，获得独特的审美感受。

3. 提高运动技术水平

一个国家运动竞技水平的高低是国家综合国力、体育发展水平、精神文化状态等的重要反映，世界各个国家都十分重视体育竞技水平的提升，希望在国际运动会中取得好成绩。而提高运动技术水平是体育锻炼的目的之一，很多运动员都将取得冠军作为自己的职业目标。

提高运动技术水平对体育事业的发展具有积极的意义，这主要体现在体育运动技能的提升能够使体育运动朝着更广泛、更深入的方向发展。

4. 促进国民素质的提升

体育运动具有突出的教育意义，提升国民素质也是其目的之一。体育运动尤其是运动竞赛能够培养与磨炼意志，有助于人的勇敢、拼搏、吃苦耐劳等精神的培养。

（五）体育教学目标的功能

体育教学目标作为体育教学的一个重要组成部分，也有其存在的意义与重要功能，具体表现如下。

1. 体育教学内容及教学方法选择的参照依据

体育教学目标对人们的价值判断有一定的指导作用，这体现在体育教学的过程中，特别体现在体育教学内容和方法的科学选择方面。

2. 体育教学活动组织需要参考的依据

体育教学目标不仅可以为体育教学内容和教学方法的选择提供必要的参照依据，同时，也能为体育教学活动组织提供相应的依据。需要强调的是，它在体育教学内容的结构方式以及教与学的组织形式方面所起到的作用是非常重要的，是有着重要的决定性影响的，这也就在一定程度上为具体教学策略的实施提供了有效的指导。

3. 体育教学评价参照的依据

实质上看，实施体育教学评价应该参考的依据主要是体育教学目标在体育教学中的价值和效果，是体育教学评价的基本标准。由此，便得出了体育教学目标为体育教学评价提供了基本依据的结论。

二、体育教学原则的发展

（一）体育教学原则的内涵

体育教学原则不仅是实施体育教学最基本的要求，还是保证体育教学过程始终符合体育教学目标的最基本因素。在进行教学内容和教学方法的选择时，也不能脱离体育教学原则的约束。所以，体育教学原则同样是为体育教学方法和教学内容科学性和实用性提供保证的重要基础。

体育教学原则是根据体育教学的特点以及体育教学大纲的目标要求而编写的。具体来说，体育教学原则有以下三个方面的含义。

1. 体育教学原则是体育教学的规范

作为体育教学的规范，体育教学原则是教育工作者对各种体育教学行为进行组织和调整时不能触犯的“底线”，体育教学的相关方法和目标都是在体育教学原则的基础上不断优化和加强的。因此，体育教学原则是体育教学所有要求中最基本的内容。

2. 体育教学原则保证体育教学的科学性

体育教学原则是基于体育教学的特点和体育教学中的相关要求制定的，来源于体育教学，又对体育教学起到约束作用。因此，体育教学原则中的要求能够保证体育教学过程不脱离教学实际，有利于教学目标的实现。

3. 体育教学原则保证体育教学内容的合理性

体育教学原则是保证体育教学内容合理性的基础，因为在进行教学内容的选择时，对所选择的内容应该按照体育教学原则的要求开展筛选和检查，如不能达到体育教学原则的要求，那么就应该予以删除，如拳击这类运动就违反了安全性的教学原则，因此不能作为教学内容。

（二）体育教学原则的形成

通过前面的关于体育教学原则概念以及内涵的了解，我们可以认识到体育教学原则在体育教学中的重要作用，探究体育教学原则的形成过程，更有利于体育教学的规范。

1. 在概括和总结体育教学实践经验中形成

自从体育教学成为学校教育的组成部分之后，体育教学工作者们一直致力于探索“如何更好地完成体育教学的目标”和“如何提高体育教学的质量”。为了保证体育教学的规范性，体育教学工作者在长期的体育教学实践中，对前人的体育教学经验和教学成就进行了总结和分析，总结出体育教学的规律要求。在长期的积累和不断的修订中，最终形成了体育教学的原则。

2. 反映体育客观规律

体育教学原则是体育教育工作者根据多年的教学经验和对体育教学历程的研究制定的，因而体育教学原则是体育教学过程的客观反映。体育教学存在共同的规律，这些规律是客观存在的，不受任何环境和情况干扰的。在所有的体育教学中，人们也都是依据这些客观规律进行体育教学实践的。

3. 体育教学原则在不断发展和完善

由于体育教学原则是根据人们对体育教学规律的认知和教学特点制定的，所以说体育教学原则与人们的认知水平有着本质联系，是受人们的认知水平制约的。对于体育教学人们在不断进行理论和实践上的探索，加之社会持续发展，在此背景下，体育教学原则将伴随人们认识的深化而不断发展和完善。

（三）我国体育教学原则的发展方向

体育教学原则随着时代的发展和人们意识的不断提高而呈动态变化。笔者通过对历年来体育教学原则和体育教学特点的探索，将体育教学原则的未来发展方向总结为以下几点。

1. 人文精神在体育教学原则的研究中将得到改观

人文精神在体育教学原则的研究中将得到改观，这一观点的形成，主要是由于以下教学方向和观点的变化引起的。第一，更加重视和突出教学主体性发展的问题的研究。这种研究主要是从学生学习的积极性和主动性入手，保证教学能够持续提升学生的主观能动性，增强学生的学习兴趣，增强学生的学习动力。这需要体育教师在教学的过程中注重对学生自主活动、师生之间的平等交往等问题的研究，其最终目的就是培养学生对体育课程学习的兴趣。第二，更加注重体育教学的审美性、情感性和艺术性。因为体育教学的目的就是提升学生的身体素质，所谓的身体素质既包括身体的健康也包括心理的健康，总之就是促进学生德、智、体、美的全面发展，因此，在对学生进行体育教学的过程中，要注重对学生的情感、审美和艺术方面的教育。

2. 重视学生整体素质的全面发展

随着素质教育在我国的全面普及，注重学生整体素质的培养已经成为当今时代教育的主题。学校体育教学事业为了适应体育教学改革的标准，在教学内容上突破以知识为主的教学原则体系框架，注重对学生的体育知识的引导和学生个人品质的培养，以促进学生全面发展为宗旨，这已经成为体育教学研究和教学发展的一种趋势。为了满足当前我国素质教育的需求，学校体育教学事业还提出了“身心全面发展的原则”和“多元化评价的原则”等。这些促进学生全方面发展的教学原则的确立，主要是为了适应时代的发展对体育教学的需要，培养时代所需的专业人才。

3. 重视教与学的统一

前面已经提到，体育教学的原则是随着人们意识的发展和时代的变化而持续变化的。伴随体育教学持续发展、完善，以及人们对于体育教学认识的发展，人们也愈发发现传统体育教学原则中的不足之处。传统的体育教学往往会因为传统教学理念的影响，而出现重视教师的“教”、轻视学生的“学”的情况，这就导致传统教学原则也更加侧重于对教师的“教”的规范，而忽视了对学生的“学”的指导。但是体育教学的目的是实现学生身心素质的全面发展，因此，制定教学原则的时候，应该明确为学而教的思想，注重教与学两者的统一。

4. 构建全新的现代化体育教学原则体系

教学原则体系应当伴随时代的变化和人们意识的提高而不断完善，为了保证体育教学的质量，急需建立一套全新的现代化的体育教学体系，这是体育教学原则研究的根本目的，同样是体育教学工作者为了顺应时代的发展亟须解决的问题。在构建符合现代教学需求的体育教学原则体系的时候，要吸收前人的经验，在前人总结的教学经验的基础上进行，还要保证教学原则具有一定的概括性，同时也要具备教学的个性，在提高学生的素质、发展学生的个性、反映教学规律、实现教学目的等方面并重，构建一个完整的、全面的、具有时代意义的体育教学原则体系。

三、体育教学方法的发展

（一）体育教学方法发展历程

相比体育教学现象，体育教学方法出现得要更晚一些，但是在课堂体育教学之前。具体来说，体育教学现象早就存在，在经过了长期的民间体育传授、军队体育训练等的发展之后才逐渐形成的近代的课程式的体育教学。而早期的民间体育传授活动中，部分体育教学方法就已经逐渐形成并应用了。例如，武术的师徒相传当中必定会应用一定的武术教学方法；杂技的传授和练习当中也会有和体操相近的教学方法；野外的捕猎等行为中也有着对应的教学方法，只是人们没有关注和研究，因此这些教学方法也没有经过科学研究和形成一定的体系。到了近代，形成近代体育教学之后，学者才将体育教学方法归纳为教训理论，进行关注和研究，由此体育教学方法才得以快速发展。

体育教学方法不是孤立存在的，而是和诸多因素紧密联系在一起，其发展也受到多方影响，特别是不同时代特征的影响。在各学科当中，受到时代影响最为突出的就是体育教学内容，这也直接关系着体育教学方法的革新和发展。

1. 体操和兵操时代

体操和兵操时代主要是指封建时代，以及资本主义产生初期。此时的体育以军队训练为主，其目的在于促进士兵身体发展，主流的体育教学方法是体育训练方法和注入式方法。此时的体育教学方法，往往强调苦练和重复，通过大量运动，使士兵身心形成运动记忆，并且提升体能和体质。这反映了当时社会的封建专制性质以及体育教学较为落后的情况。

2. 竞技运动时代

竞技运动时代的到来离不开资本主义下生产力的提升和社会的发展，此时出现了大量凝聚着现代社会文明的竞技体育项目。这些项目充斥着人本思想和自然体育精神，生机勃勃，活力洋溢，相比兵操，其技术难度也更大，更具战术思维，体现出更强的文化气息，以往苦练和重复的教学方法无法满足此时的体育教学需求，被逐渐改进。此时的体育教学方法更加重视教学效率，产生了很多新的教学方法，例如演示、观察、小集团教学法等。

3. 体育教育时代

现代社会，体育已然成为一种内涵丰富的文化，成为一个成熟的教育领域，其内容更加丰富，相比之前，还包含了健康教育、心理训练、行为规范教育、安全教育等内容，出现了大量的体育知识和技能，并且仍在迅速增加。伴随着体育教学内容的变化，体育教学及方法也要与时俱进、不断发展。现代体育教学一方面要引导学生提升体育知识水平和技能；另一方面要引导学生形成正确的体育观念和积极乐观的生活态度，保持健康心理，规范自身行为，适应社会，等等。所以，体育教学方法犹如雨后春笋发展迅速，尤其是多媒体技术的持续革新，使体育教学能够对运动技能和动作进行更加直观和细腻的展示，体育教学方法将会不断突破人们的期望值，更加科学合理。

然而，需要注意到的是，体育教学方法发展，不代表传统的和基础的体育教学方法已经毫无用处和全部淘汰，而是代表着符合时代特征的新的教学方法出现。这些新的体育教学方法能够在一定程度和角度上对当下的社会、文化、科技等情况有所反映，同时能够体现出体育教学理论和实践的变革特点。

总而言之，体育教学在发展，体育教学方法也在随之发展，并始终受到体育教学实践的内外部条件和教学内容的影响，会因后者的变化而变化。

（二）体育教学方法的发展趋势

虽然较其他学科而言，体育教学起步较晚、发展较慢，但是，随着人们认知水平的不断提高，对体育教学的重视程度日益深化，迄今为止，体育已经发展成为一个较为成熟的学科，其教学方法也随之持续发展、完善，并逐渐呈现出明显的发展趋势。具体来说，其发展趋势主要体现在以下三个方面。

1. 体育教学方法的现代化

伴随科学技术的持续发展，体育教学方法也在持续完善和提高，其现代化也随着时代的发展表现得较为突出。其现代化主要体现在体育教学设备的现代化。为了更直观地向学生展示体育运动的魅力，体育教师会将录像带到体育课堂，借此开阔学生的视野。随着计算机应用的普及，各种借助计算机完成的体育课件和体育活动，将学生对体育学习的感知提升至新的层次。

2. 体育教学方法的心理学化

心理专家表示，任何一种形式的学习都伴随着心理变化的过程，而体育知识和技能的学习和获得更是一个复杂的心理变化过程。所以，学习心理学和体育心理学是众多学科中对体育教学方法影响较大的。为了更好地开展体育教学与体育活动，体育心理学家和运动心理学家运用心理学的研究方法，对学生在运动、学习过程中的心理变化情况进行了探讨，并希望能够将研究得出的结果应用到体育教学方法的改革中。

3. 体育教学方法的个性化

在教学过程中，重视个性化是体育教学方法发展的一大进步。因为任何一种教学方法的实施对象都是学生，而由于学生成长环境、自身条件的不同，其接受能力和学习情况具有较大差异，加之不同学校的教学条件和教学进度存在较大差距，因此，体育教学有必要结合实际，结合学生之间的不同个性和学校之间的不同条件进行合理调整。现阶段，随着这一教学理念在体育教学中的不断普及和应用，个性化、民主化的体育教学方法得到了进一步的发展。

第二节　高校体育教学的发展背景

一、1949 年后我国体育教学的发展阶段背景

在 1949 年中华人民共和国成立之后，我国的学校体育教学也经历了一个曲折发展的过程。具体来讲，这一历史阶段的发展历程主要分为以下四个阶段。

（一）初创阶段（1949—1957 年）

中华人民共和国建立之初，学校体育教学就备受政府重视。1951 年召开的全国学生第 15 届代表大会就明确表示：“要积极开展学校中的体育和文化娱乐活动，努力改进全国同学的健康状况，要使每一个同学具有强劲的体魄，能够胜任紧张的学习和繁重的工作。为了适应祖国国防建设的需要，应该注意提倡军事体育活

动。”[①] 一系列指示和决定对提高学校体育的地位，纠正轻视学校体育教学、忽视学生健康的状况起到了重要作用。

在此后的一段发展时间里，我国通过并出台了一系列政策法规与措施，初步建立了学校体育的目标体系，初步构建了学校体育管理体制和落实策略。例如，1951 年，《关于改善各级学校健康状况的决定》就指出了学校体育教学的重要性。同年，教育部把体育课列为学校中的必修课。1952 年，教育部设立了体育指导处，各省、市、自治区教育行政部门纷纷组建了体育机构，基本上形成了学校体育教学管理体制。同时，教育部和国家体委共同推出《学校体育工作暂行规定》，明确了我国学校体育教育的基本目标。1953 年，《关于中学体育成绩暂时考查办法的通知》颁布体育课从此被纳入考核学科范围；同年，教育部对前苏联十一年制体育教育大纲进行了翻译，并将之介绍给全国体育教师。1956 年，全国对体育教学大纲和教材进行了统一实行。1957 年，中小学体育教学参考书面世，体育教学得到了进一步规范。

为了更好地促进我国群众体育的发展，我国在参照前苏联模式的基础上，还结合了我国的实际情况，于 1951 年实施了《体育锻炼标准》。1954 年，国家体委推行《准备劳动与卫国》体育制度暂行条例，要求初中毕业生和高中毕业生分别达到少年级标准和一级标准。此后，又于 1956 年修订发布了《劳动和卫国》体育制度条例。该制度的实施对于我国学校体育教学的发展起到了很大的推动作用。

由于在中华人民共和国成立初期我国的体育师资较为不足，政府于 1952 年创办华东体育学院，这是我国历史上第一所体育学院。此后，全国各地相继创立 6 所体育学院、11 所体育学校和中等体育专科。此外，还有 38 所高等师范院校增加了体育系科，着力推进在职教师的进修工作。一系列措施为构建优质体育教师团队以及发展学校体育教育打下良好的基础。

（二）曲折发展阶段（1958—1976 年）

在 1958—1976 年，各个学校教学和管理脱离了正常轨道。当时的体育教育实践走错了方向，过分偏重指标，不考虑实际条件，将劳动作为体育全部内容，

---

① 青年团沈阳市委会宣传部编 . 作毛泽东时代的好学生 [M]. 北京：青年出版社，1952.

严重脱离了学校教育和体育的规律。在此之后，三年困难时期使学校体育工作无法正常开展，迫于形势，学校体育课与课外活动大大减少，甚至被全部取消，学生体质水平降低。

基于这样的问题，党中央发布了“调整、巩固、充实、提高”的方针。根据这一方针，政府对过往学校体育工作当中的经验和教学进行分析和总结，实行了针对性措施，促使学校教育恢复正常秩序、继续发展，由此，学校教育和学校体育都回归正常轨道。除此之外，对于指导思想、体育课程、体育工作、师资力量等，学校也作出相应调整，实现了发展。1961 年，原本的体育教学大纲被修改订正，明确将增强体质作为学校体育的指导思想，并按照不同地区的差异化教学状况，对教材作出划分：基本教材、选用教材；随着国民经济的全面好转，学校体育开始逐步恢复，政府鼓励有条件的学校试行《青少年体育锻炼标准》，课外体育活动实现了比较广泛的开展；随后，运动训练恢复正常，运动竞赛十分活跃，运动技术也得到相应的提高，学生体质有所增强；与此同时，为加强体育师资建设又成立了 4 所体育院校，为各级学校培养体育教学骨干。

总之，在这一时期，学校体育在曲折中发展，学校体育教学体系基本建立，这就为体育教学的进一步发展奠定了坚实的基础。

（三）新时期的发展阶段（1977 年至今）

在正确的方针政策的指引下，我国的学校体育教学工作逐渐恢复，同时迈入了一个新的发展阶段。这一时期，学校体育教学的发展主要体现在以下几个方面。

1. 体育教学改革加快，并步入科学发展阶段

国家在这一时期加强了有关体育的各项法规制度的建设，从而使各级各类学校内部的管理体系更加健全，有效保证了学校体育教学向着规范化、制度化、科学化的方向发展。在此基础上，学校体育体制与课程也实现了不断地深化与改革。例如，1975 年，教育部和国家体委联合下发了《高等学校体育工作暂行规定》和《中小学体育工作暂行规定》，对学校体育工作的基本任务和具体内容做出了明确规定；1978 年，教育部颁发了新的中小学体育教学大纲和教材；1987 年，又在原大纲的基础上修订并颁布了《全日制中、小学体育教学大纲》，深化了体育课

教学的改革；1988 年，《国家体育锻炼标准》经过多次修订后颁布，使之更加科学、实用。1990 年，经国务院批准出台了《学校体育工作条例》，由此我国学校体育工作真正开始了法制化发展；1992 年在部分省市试行了初中毕业生升学体育考试，并在 1998 年全国试行。2002 年，教育部和国家体育总局联合出台了《学生体质健康标准》，进一步落实了增强学生体质的目标。这些法规和措施的颁布和执行，对我国新时期学校体育教学的发展和改革具有深远的意义。

2. 体育教学的科学研究得到重视

基于强化学校体育科学研究和指导的目的，我国陆续组建了中国教育学会体育研究会、中国高等教育学会体育研究会、中国体育科学学会体育研究会等十余个学校体育研究机构，与此同时《中国学校体育》《体育学刊》等杂志期刊被创立，对大量体育专著和教材进行了编制和出版，举办了多次全国层面的多层次学校体育学术报告会和研讨会，广泛和重点进行了学校体育的国际交流。学校体育的科学研究从多层次、多角度推动了我国学校体育教学的改革与发展。

3. 师资力量培训加强，场地设施逐步完善

这一时期，国家还非常注重对体育师资队伍的建设以及学校体育场馆器材设备的建设。在体育师资队伍的培养方面，为了解决师资队伍的不足和质量不高的问题，国家制定和实行了一系列有效措施，对于有一定资质和软硬件基础的师范院校和综合大学进行了体育院系的加设，使其招生名额增加，并加强了培养体育教师的力度；对差异化类型、差异化层次的函授班、进修班进行了建立，提升体育教师的教学水平和能力；特别是培养了一批高学历、高质量的体育师资队伍，来加强学校体育的研究和教学等。

在学校体育场馆器材设备的建设方面，目前在很多经济发达地区的学校已经有了标准的体育场，同时还添置了大量的体育器材；而现在国家所要做的就是努力改善欠发达地区的体育场馆与器材设备。

总之，我国当前的体育教学经过一系列的改革，已经基本形成了特有的体系，但是还存在着地区之间发展不平衡的问题，这就需要对体育教学进行深化改革，从而获得新的发展。

二、我国高校体育教学的综合发展背景

（一）社会发展背景

体育教学的不断发展和进步离不开社会这一非常重要的因素，而在现代高校体育教学不断发展和革新过程中，社会的不断进步是其不可缺少的现实背景。高校体育教学发展的社会背景特征主要从以下几方面体现出来。

1. 体育教学成为社会事业

从20世纪六七十年代开始，体育教学作为一个社会事业被越来越多的人所认同，对于体育教学，人们给予了更多的关注和重视，这也使得更多的人认为，体育教师应负责对体育教育实践进行安排和实施，并且还要不断地修正和反省他们在教学实践中的行为，以促使体育教学能够始终坚持正确的方向，将体育教学实践中的一些负面影响最大限度地减少，也正是因为这种责任兑现的方式使得体育教学受到更高的重视，在一定程度上也促使体育教学提高了教学效果。

2. 体育教学设施逐步改善

自从实施改革开放之后，我国的社会经济获得了飞速的发展，我国的体育教学发展也由于社会经济水平的快速提高而获得了更加雄厚的经济基础。

当前，在学校体育设施建设方面，我国的投入力度不断增加，将更多的资金投入到体育设施的建设之中，这使以往体育教学缺少体育器材、没有运动场地的情况得到一定程度的改善，这也在很大程度上使体育教学内容得到了大幅度的丰富和完善。

近些年来，在高校体育教学中，所开展的体育项目数量不断增加，这使学生参与体育课程学习的热情得到了很好的激发，使高校体育教学质量得到了很大程度的提高。

3. 社会新问题的出现

（1）社会“文明病”的出现

目前，人类已经进入物质文明高速发展的阶段，现代的社会文明给人们带来舒适享受的同时，也对人类的身心健康发展造成了诸多不利的影响。

例如，人们社会生活水平的提高，使得人们在日常生活饮食方面，摄入了太

多的高蛋白、动物脂肪和糖，这无疑大大增加了高血脂、冠心病、糖尿病等疾病的患病率。此外，社会生产力水平的大大提高，使得人们以往以体力为主的劳动方式发生改变。体力活动大大减少，使得人们难以从中获得身体方面充分有效的锻炼，导致人们的身体机能整体水平不断下降。

正是因为这些社会“文明病”的出现以及人们追求健康意识的不断增强，越来越多的人开始重视体育教学，体育教学任务的重要性和艰巨性也随之增加。

（2）人们心理压力的不断增大

在自然中，优胜劣汰是一条不变的定律，这一自然规律对社会的发展也同样有着一定的影响。每一个行业、每一个领域的竞争变得越来越激烈，生活节奏也在不断加快，这也使得人们所承受的心理压力日益增大。

如今，学生课业负担越来越重、独生子女不断增多等不同方面的社会问题，造成了一些学生患有不同程度的心理障碍，如情绪失常、性格孤僻、意志薄弱、以自我为中心、缺少团队协作精神等。参与体育运动，能够很好地缓解人的精神压力。因此，体育教学的良好发展能够使学生的心理问题得到一定程度的缓解，使学生的心理健康得到有效促进。越来越多的人对体育教学的这种益处有了更为清晰的认识。

（二）教育事业发展背景

在教学体系发展和改革方面，学校体育教学的不断发展和改革是其中的一项非常重要的内容，教育事业的发展也是高校体育教学发展的重要背景。

1. 国家始终重视教育事业

教育事业在我国各项事业中居于非常重要的地位。对于我国的综合国力提高以及未来发展来说，教育事业得以稳步发展具有非常重要的意义。为了更好地推动教育事业不断向前发展，我国也采取了很多有效的措施。

《中国教育改革和发展纲要》指出，要对教育思想进行不断转变，对教学方法和教学内容也要不断地进行实质性改革，以尽可能地避免学校教育同我国社会发展和经济建设的具体实际脱离。

对于学校教育发展来说，其前提应当是促使国民的综合素质得以全面提高，并将全体学生作为主体，促使学生各方面的素质得以全面提高，促进学生全面发展。与此同时，要尽可能地改善体育卫生工作，鼓励学生家长和社会积极参与学生体质健康建设。

国家颁布的一系列相关文件均明确和突出了健康在青少年在国家和人民服务过程中的基础地位，是重要前提。健康的国民才能展现出中华民族的生命力和活力，因此学校需要为学生提供充足的课外体育活动时间以及体育课程，对于学生的体育活动场所和体育活动时间，学校和教师都不能随意占用。一系列措施的颁布实施，既能够促使我国教育事业得以有效发展，同时也能够为我国体育教学的发展和改革提供依据，正是在这种背景下，体育教学作为素质教育改革的一个重要方面，受到了人们更多的关注。

在教育大背景的影响下，体育教学工作在教学形式、教学理念、教学内容等方面都获得了重大突破，使体育教学工作的开展更加有据可循，这也为我国体育教学的发展提供了更为强劲的推动力。

2. 新生事物促使教育改革发展

随着现代教育的改革不断深入，出现了一些新的教学方法、教学思想、教学设施设备以及课程计划等。这些新的内容，都是教师必须积极学习和掌握的。

面对这些新生事物，教师一方面要不断地更新自身的知识结构，从情感以及技能方面对这些事物进行积极适应；另一方面还要针对这些新生事物进行积极探讨，并做出客观的评价。

3. 自主权为教学提供现实基础

学校和教师在面对课程方面的问题时具有很大的责任以及更多的自主权，这也是进行现代教育改革的一个非常重要的方面。

自主权的存在，为教师开展教学研究提供了非常重要的现实基础，能够更好地促使教师探讨和研究教学问题。

（三）体育事业发展背景

体育事业的发展同高校体育的发展和改革有着非常密切的关系，能够促使高校体育得以有效开展，为体育事业的发展提供更多优秀的体育人才，以更好地促进体育事业向前不断发展，最终在全国范围内营造一个浓厚的运动氛围。同时，良好的体育氛围能够促使高校体育始终处在一个可持续发展的模式，并最终促使两者进入良性循环。

由此可知，体育事业的不断繁荣与发展是学校体育改革与发展的重要现实背景。

从20世纪80年代开始，我国体育事业在政治和经济政策转变的影响下，开始从低谷中走出来，竞技体育也逐渐进入世界强国之列，与此同时，群众体育也获得了非常大的发展。

《全民健身计划纲要》明确了全民健身计划的全民性，是面向全国人民实施的，且应把儿童和青少年作为重点。为了顺利实施全民健身计划，全国各地应尽可能地创造有利的条件，以更好地解决好学校体育中的场地问题、经费问题、师资问题等。这一纲要的提出为发展学校体育提供了强有力的保障。2008年北京奥运会的成功举办使我国的体育事业发展得到了很大程度的推动，使国民对体育事业的关注和热情得到极大的激发。

伴随着我国经济的蓬勃发展，我国的体育产业也开始呈现出快速发展的态势，这也使相关行业对体育人才的需求进一步扩大，以上这些因素的影响使我国体育教学的发展和改革得以进一步深入，使体育事业的发展需要得到一定程度的满足。

通过上述对社会背景、教育背景和体育背景进行分析可知，我国高校体育教学的发展有着独特的现实背景。所以，只有对高校体育教学进行不断的改革，促使体育教学得以不断向前发展，才能使体育教学的作用得到最大限度的发挥。

第三节 当代高校体育教学的发展现状与问题

一、影响我国高校体育教学发展的因素

影响体育教师进行体育教学的因素较多。教学模式、教学内容的设置、教师的素质水平、教学环境以及相应的考核和评价体系等，或多或少地都会对我国高校体育教学发展产生影响。

（一）高校体育教学改革工作未能注重理论联系实际

在传统的教学当中，体育教学的中心和重点在于教学生体育知识、运动技能，基本上是课堂教学的形式，其核心任务在于增强学生体质，但是没有认识到培养学生体育观念、能力和习惯的重要性，在这方面投入较少。这种体育教学导致了学生只能学会模仿动作，但难以了解和内化体育运动的内涵和体育精神，不具备体育能力，学生在课堂之外的地方，就难以正确进行体育锻炼。尽管随着体育教学改革不断深化，这样的体育教学局面已经逐渐改变，然而其中蕴含的落后的教学理念仍然没有被完全剔除，还在干扰着当前的体育教学实践，进而造成了师生对体育课不够重视，学生离开学校后只偶尔进行体育锻炼，难以长期坚持，身体素质下降的现状。

（二）高校体育的课程设置与模式缺乏创新

体育教学改革发展至今，高校体育在课程设置层面和教学模式层面仍旧没有完全突破传统的课程体系的基本框架。在其影响下，不管是教学内容还是形式都存在老旧、重复、创新不足的问题，这直接造成学生喜欢参加体育活动但是不喜欢体育课的现状。虽然在改革措施下得到了一定的改善，但仍需认识到场地、器材、师资等对体育课造成的限制，在当前的体育课堂教学中仍旧难以实现将现代健体运动有机融合。与此同时，传统的体育教学思维也是体育课程设置和模式缺乏创新的原因之一，当前体育教学较为学科化，采取的多是注入式和填鸭式的教学模式，无法做到以人为本和以学生为中心，这也就导致体育课堂死气沉沉，没有体育本该有的青春活力，学生对体育课存在抗拒心理。

（三）体育教学设施的配置仍有待完善

进行体育教学离不开教学设施这一基本条件和基础前提，脱离了体育教学设施，无论教学的内容如何有趣、教师的讲解如何生动，学生也难以充分感受到、体验到体育的乐趣。如今，很多高校却存在着体育教学设施配置不足的难题。基于当前我国各高校的体育教学设施配置情况可以发现，只有部分国家重点高校配置了较为完善的体育教学设施，大多数高校的体育教学设施极为缺乏，拥有的体育教学设施也较为老旧，场地难以满足学生运动需求。因此，体育教师的教学积极性受挫，教学质量难以达到良好的水平，难以适应学生身心发展需要。所以，体育教学设施的完善仍是当前和以后体育教学改革和发展的重要工作。

（四）高校体育教师的综合素质有待提高

因为传统社会观念的影响，不管是高校还是社会对体育教学的重视都不够充分，所以高校在招聘体育教师时要求较低，造成多数高校体育教师综合素质不高的问题，这在其教学思想、教学能力和教学研究上都有着明显的体现。如今，我国高校体育教学工作中，已经把教学理念的革新、现代教学理念的建立当作重要的根本性任务。但是现实情况不容乐观，高校体育教学中，大多数的体育教师依旧没有实现教学理念的现代化，仍停留在为增强学生体质、教授运动技能的层面，采取的是单一的教学模式，使得体育课无法展现出应有的乐趣，学生学习缺乏兴趣和积极性，身心发展受到影响。此外，大部分高校对于体育教学研究不够重视，相比更关注其他学科的教研工作，体育教研备受忽视，使得体育教师的创新教学能力难以充分发挥，教师也不在这一方面投入精力，遵循老一套的教学方法，导致教学工作更加难以跟上社会的发展。

（五）体育教学评价内容与标准过于单一

当前，我国高校体育教学发展还呈现出一个不容忽视的问题，就是体育教学评价内容与标准过于单一。关于体育教学评价，体校对其标准的制定没有做到适应时代和社会发展，依然是跑步速度、跳远距离、仰卧起坐个数等老一套内容和标准，没有对体育的健康性和社会效能予以应有的重视。体育成绩仅仅关注最终结果，关注学生当下的体能和运动能力，没有关注到运动基础和天赋较差的学生的努力和进步。这样片面的评价是不合理、不科学的，对于学生的运动热情也造成了打击，不利于未来体育教学的发展。

二、当前我国高校体育教学的发展现状

在过去传统教育理念的影响下，高校体育的发展一直都是突出内涵，而忽略

了其外延的发展，注重提高质量但对于结构的优化缺乏关注。在计划经济影响下，高校教育形成了一个比较封闭的发展模式，造成了高校体育教学工作发展与改革落后于社会和高校教育发展的情况。

多年来，高校体育在教学目标方面从对增强学生体质的重视，逐渐转变为对育人的重视。但在面对德、智、体三者关系时，高校体育的“育人”目标，在教学实践中表现为增强体质，但缺乏具体内容，教师与学生难以把握其具体目标。

我国高校体育教学在传统体育教育思想的长期影响下，一方面，对“三基”（基本知识、基本技术、基本技能）较为关注，而忽略了对学生的体育能力的培养，从教学方法、指导思想和教学体系等方面并没有进行明确的指导以及提出具体的要求来对学生的体育能力进行培养。另一方面，在体育教学实践中，科学的培养手段和方法比较缺乏。就目前来看，有效、科学的锻炼方法是高校体育教学工作特别薄弱的一个环节。

在培养学生的能力方面，课程建设从中发挥了非常重要的作用。目前，对我国高校体育课程来说，以竞技体育项目为主要内容的传统体系依然占主导地位，在设置课程方面同终身体育观、全面推行学分制的具体要求不相符合。

与此同时，在体育教学中，体育理论课以及电化教学的应用也是非常有限的，面对雨雪天气开展体育教学缺少有效的对策，对于不同专业的学生是否开设不同的体育课程没有进行认真研究，没有根据专业课的方向来成立各个不同的教研组并实施分类教学。

当前，高校体育教师无论是在学历层次还是知识结构方面，都同其他学科教师有着相当的差距。当前的高校体育教师基本都是在运动技术教学模式中培养和成长起来的，属于训练型和技术型，缺乏相应的科研能力，体育教学工作也是比较随意，一专但并不多能，不够重视除了自身专业之外的其他课程。

三、当前我国高校体育教学中存在的问题

（一）体育教学理论研究滞后

世界范围内，与其他国家相比，我国体育理论研究少，与体育教学实践相比

具有滞后性。

现阶段，我国高校体育教学的理论研究还存在的一个问题是，教学理论研究不够深入，其原因在于我国体育教学研究的学者本身数量少，加上我国现代体育教学研究所开展的时间并不长，体育教学实践发展不够深入，很难在高校体育教学研究中提出具有建设意义的理论与观点。

（二）体育教学思想观念落后

长期以来，受多种因素影响，我国体育教学总是为政治、经济等的发展服务，很少真正能将体育教学落实到关注学生自身的身心健康发展上去。

改革开放以后，我国社会各界以更加开放和包容的心态面对国外的社会政治、经济、科学技术与文化发展，在学校体育教学方面，对国外先进的体育教学理念、教学思想、教学方法等进行分析与思考，并大胆引进，不再一味地否定和排斥，同时，引入西方先进体育教学思想的同时，充分结合我国学校体育发展实际条件和需求，进行本土化发展思考，积极探索属于我国的学校体育发展道路。但受教学传统影响，很多教学问题，如重竞技轻普及、重课内轻课外、重尖子轻全体等问题依然存在。体育教学思想还停留在“教学”层面，没有深入到对“人”的研究上。现阶段，我国高校体育教学思想的完全转变还需要一段时间，原因如下。

第一，传统教学思想在教学中的弊端仍然存在，以教师为中心、忽视学生主体地位的教学思想与现象始终存在，学生绝大多数时候处于被动学习状态。

第二，对新的体育教学思想观念的理解与实施存在一定的不足。具体来说，受多种因素的影响，新的体育思想观念（素质教育、终身体育教育）落实的过程中很难贯彻到教学实践中去，新的教学思想应用到教学实践不仅需要克服各种外在制约因素，还需要给学校相关领导、教师、学生一个适应的过程。

新时期，随着对高校体育教育教学发展的重视，在时代发展和新的体育教学改革与发展需要的推动下，我国高校体育教学发生了很大变化。新的教学理念与教学思想在教学实践中不断得到重视与应用，在新的社会发展需求和对人的健康发展的重视基础上，体育教学为培养符合社会需要的全面发展的高素质人才服务，通过对西方成功教学经验的借鉴，不断完善我国学校体育教学体系，对体育教学进行内容、制度调整，和以往相比学生的体育学习与参与兴趣得到了大大的提高。但不可否认，我国高校体育教学思想正迎来一个重新审视与思考的契机，以先进的教学理念促进高校体育改革的发展必然会经过不断积累之后迎来一个质的转变。

（三）体育教学目标不明确

从全国范围来看，尽管对高校体育教学目标的讨论已经否定了传统“三基”教学目标，但是实际的学校体育教学中过于重视“三基”的教学情况仍然存在，表现如下。

（1）在高校体育教学中，教师以完成教学为任务、学生以修够学分为目的，高校体育教与学的形态和教学体系低效。大大降低了教学的要求、标准、质量。

（2）过分重视学生运动技能掌握，忽视运动心理、运动个性、运动品质等的发展。

（3）高校体育教学面向全体学生千篇一律，缺乏对不同专业体育需求的考虑。

（四）体育教学计划不规范

传统体育教学在教学中的地位、固有观念、课程设置等方面的影响已经根深蒂固了，要推动体育教学模式变革是一件十分困难的事情，需要不断投入精力、人力、财力去一一推进各项改革工作。传统高校体育教学中，体育学科的定位大都为公共基础课，受专业型院校的影响，体育教学不受重视，而且容易受其他学科课程设置和行政部门的干扰。高校体育教学指导文件由指定的专人编写，受专业知识、素养等因素影响，计划的合理性和科学性会受到影响。

（五）体育教学课程设置不科学

从当前我国高校的体育设置情况来看，高校体育课程的开课形式、教学时数、教学理论课、教学内容、课时设置、教学教材等都不完善。目前我国绝大多数的高校都开设了体育教学课程，体育课主要是作为大学校园选修课程存在的，学校有关课程规定学生必须修够学分才能顺利完成毕业，体育课选修主要是在大一大二阶段完成。大学体育按照传统体育项目设置课程，学生被动选课、上课，导致很多大学生喜欢体育但不喜欢体育课。当前高校体育教学已经十分普及，高校大学生都能正确和充分地认识到体育教学课程开设的重要性，尽管学校的体育课程设置存在不足，但大多学生都能配合学校课程设置制度和标准完成体育课的选修任务。

就课程内容来说，高校体育课程内容非常丰富，几乎涵盖了目前常见的各种体育运动项目内容，也引入了不少创新性课程。但是，在一些热门的新体育运动项目课程内容方面，尽管大学生对选修课程和参与课程的兴趣较高，但由于教师专业技术水平和专业体育设施不足等问题，导致很多选修了课程的大学生的学习体验不好，久而久之，此类体育课程选修人数减少导致无法正常开课，经常处于暂缓开通状态。

体育课时设置方面，我国很多高校的体育课时少，远没有达到国家的要求。目前多数高校的体育课时每学年大致是 64~72 课时，很多高校的体育课只开设一年或两年。体育教学时数不足的现象，成为影响高校体育教学质量提高重要因素之一。

课程授课方式上面，目前在高校中大学生的专业课较多，校园生活十分丰富，体育课程方面大学生的参与目的主要还是为了完成学分，由于体育课程在高校教学中相对不受重视，师资力量薄弱，很多班级在上体育课时都是合并班上课，一两个体育教师带领几十个学生在有限的教学空间（主要是室外水泥空地）上课，学生的学习极容易浮于表面，教师对大学生的教学也仅限于有限的运动技术和动作的传授与讲解，教学不够深入，更没有引导学生透过体育学习深刻理解体育教育的核心精神，没有真正地实现对高校大学生的体育素质的提升和体育能力培养。

第二章　当代高校体育教学思想的创新性探索

本章节内容为当代高校体育教学思想的创新性探索，主要围绕体育教学过程的基础分析、我国体育教学思想的发展、科学化教育思想在当代高校体育教学过程中的创新运用展开论述。

第一节　体育教学过程的基础分析

一、体育教学过程的概念、性质与功能

（一）对体育教学过程概念的总结

第一，体育教学过程指的是达成体育教学目标的途径和过程。

第二，体育教学过程是有组织和有计划的安排，这是因为教学过程是依据体育教学计划进行的，具有教学组织性和计划性。

第三，体育教学过程是学生掌握各种体育教学知识、运动技能以及各种体育活动的过程。体育教学过程是由教师的“教”和学生的“学”组成的，是知识和技能的传递过程。

根据以上三种有关体育教学过程的认识，将体育教学过程定义为：体育教学过程是为了实现体育教学目标而有计划地组织和实施的，在此过程中完成知识和技能的传授，帮助学生获得体育相关知识和技能。

在整个教学中，根据教学的进程，可以将体育教学过程分为以下几个层次。

第一，超学段体育教学过程。这是对整个学校教育中体育教学的总结，包括从上小学到大学毕业所规定的各种学习阶段的教学，因此，也可以将超学段体育教学过程称为体育教学的总过程。

第二，学段体育教学过程。学段体育教学过程就是学校教育的各个阶段的体育教学过程，如小学阶段、高中阶段、大学阶段的体育教学过程。

第三，学年或是学期体育教学过程。学年体育教学过程将年级作为单位，如五年级体育教学、六年级体育教学，包括上下两个学期，指的是整个年级的教学；学期体育教学过程较学年体育教学过程而言，时间较短，是以学期为主要的划分单位，如三年级上学期的教学过程即学期教学过程。

第四，单元体育教学过程。顾名思义，单元体育教学过程就是指把教学单元当作单位的教学过程，如羽毛球单元的教学过程、足球单元的教学过程。

第五，课堂体育教学过程。课堂体育教学过程是指上课到下课一节课时间的教学过程。

（二）体育教学过程的性质

作为体育教学的重要组成部分，体育教学过程不仅是体育教学活动的体现，也是体育教学的必经之路，这一环节同时还包含教师的“教”和学生的“学”，因此涉及的相关因素较多，应该引起每一位教学工作者的重视。笔者认为体育教学过程具有以下几种性质。

1. 体育教学过程是学生掌握运动技能的过程

每一种知识和技能的教授都是一个严谨有序的教学过程，并且每一种教学过程都有相对应的意义。知识类学科的教学过程主要使学生识记概念以及运用判断、推理等思维方式帮助学生掌握学科所需的知识，发展学生的智力，而体育教学是通过不断引导学生进行身体练习，帮助学生掌握运动技能，同时促进学生身心健康的发展。例如，在体育教学的过程中，教师通过不断指导，使学生掌握篮球的比赛规则和投篮的技巧，并通过这种运动的进行，培养学生的应变能力。由此可见，体育教学过程实际上就是学生对技能进行掌握的过程。

2. 体育教学过程是提高学生运动素质的过程

运动技能的获得和运动素质的提高是相辅相成、相互促进的关系，因为运动是通过肌肉群的做功完成的，因此反复的练习能够有效地提高肌肉群的运动素质，因此体育教学本身就是一个强化提高肌体运动素质的过程，也是一个持续强化学生体能的过程。例如，学生进行立定跳远的练习，刚开始接触这项运动的时候，学生会感觉大腿内侧肌肉有明显的紧张感和酸胀感，但是通过一段时间的练习后，学生不仅能够掌握此项运动的技巧，身体也会对此项运动产生一定的适应性。因此，在进行体育教学的过程中，不仅要注重学生对体育技能的掌握，还要关注学生运动素质的提高，这就需要教师在设计教学、安排进度和选编内容的时候不仅注重运动技能的提高，还要注重运动素质的培养。

3. 体育教学过程是学习知识和形成运动认知的过程

体育教学是一门涉及内容较多的学科，是人文学科和自然学科的综合体。体育教学在要求学生掌握运动技能的基础上，也会涉及许多其他相关知识的学习和运动认知的获得，就认知理论而言，这也是学生掌握运动技能和提高运动素质的基础。

有很多的体育运动会在运动的过程中提升学生的反应能力，通过动作的反复练习，增强学生的体能、增强学生的智力。因此，学习过体育运动的人和没有学习过体育运动的人在认知的发展上存在明显的差异。由此可见，在某种程度上，体育教学的过程也是学习知识和形成运动认知的过程，教师应当给予重视。

4. 体育教学过程是集体学习和集体思考的过程

体育教学将集体教学作为主要教学形式，这主要是体育运动的特点在起着决定性作用，大多数的体育运动都是由集体或是小组共同完成的，包括体育学科知识、技能，甚至是体育运动素养的形成都需要建立在集体这一平台之上。随着体育教学的不断改革，当今社会对体育教学的要求也逐渐趋于集体性，以便充分发掘集体教学过程中的潜在作用。集体教学活动本身能够促进学生之间、师生之间的互动和交流，培养和增强学生的集体主义精神，提高学生的社交能力。例如，在对学生进行体能训练的过程中，学生之间能够互相帮助，同时也能促进经验和技能的交流，从而促进教学质量的提高和教学目标的完成。

5. 体育教学过程是体验运动乐趣的过程

体育运动与学生的身体息息相关，从生物学角度来看，运动的过程实际上也是身体经过生物学改造的过程，同时也是身体和心理方面体验运动乐趣的过程。这种运动乐趣既是运动本身所特有的一种性质，也是学习体育课程的基础和条件，更是培养学生终身体育意识的基础。因为在文化课的教学过程中，学生的肢体语言、空间感和交流的自由感等都是受限的，但是在体育课堂上，这些限制被打破，学生能充分地体验自由交流的乐趣，体验放大的空间带来的满足感，甚至还能体验到运动带来的成就感。例如，学生刚开始接触一项运动的时候，因为不熟悉，往往会产生焦虑感，一旦经过长期的锻炼获得这种技能，就会有强烈的成就感。因此，体育教学的过程具有体验运动乐趣的性质。

（三）体育教学过程的功能

教学过程是一种认识和实践相统一的、以推动学生全面发展为目的而进行的活动过程。其功能主要就是推动学生的身心协调发展、全面发展。对教学过程的功能进行全面的、多维度的认识和开发，有助于通过教学更好地达成教育目的。教学过程的主要功能表现为如下几个方面。

1. 教育功能

教学过程中，学生一方面能够提升知识水平、提升个人能力，另一方面能够培养良好的思想情感、精神品质、道德素养等。教学过程中，教师承担着教书育人的使命，要将两者统一，最大化地发挥教学过程的教育功能，提升学生的思想境界和道德水平。

2. 传递知识功能

在教学过程中，教师需要传授学生系统的科学文化知识和基本技能技巧。由于教学过程是有目的、有计划、有组织地培养人的过程，因此具有高效率、高质量地传递知识功能。

3. 智能培养功能

培养智能是在传授知识和形成技能的统一过程中进行的，三者之间有着极为密切的联系，是互相促进、互相依存的统一体。其一，知识是智力活动的内容；其二，获取和运用知识的活动本身，就具有智力锻炼和能力培养的功能；其三，技能形成可以实现智力活动过程的简化，实现智力活动的水平快速提升。

4. 审美功能

教学手段或者教学艺术具有美的特性，这贯穿于教学过程的始终，审美特性也融教学过程的每个环节和活动之中，学生得以在“美”的感受和体验当中掌握“教”的各类信息，沉浸于教学之美，获得愉悦和轻松感，而忘记学习的紧张感和疲劳，形成一定的审美观念、趣味和能力。

5. 发展个性功能

对于发展个性而言，传授知识、学会技能、培养智能是十分重要的方面。基于自身的经验背景和生理条件，所有学生皆可以形成独特的知识、技能和智能结构，构建自己新的知识体系，进而也为个性发展提供基础。然而，学生个性的发展并不完全由此决定，思想、品德、价值观、情感、动机、态度、意志、身体素质等也在其中发挥着重要的决定性作用。教学过程对决定学生个性发展的这几个方面，都有着积极的影响作用。

二、体育教学过程的一般性规律

体育教学过程是一个运动、变化和发展的过程，其中体育教学的各个要素都有着本质和必然上的联系，这些联系是客观存在的，其中也存在一定的规律。对这些规律进行认识和掌握，并基于此对教学原则、教学方法、组织形式和教学手段进行明确，能够从根本上保证教学目标的达成、教学质量的提高。体育教学过程的基本规律，可分为一般教学规律和特殊教学规律两类。

（一）社会制约性规律

作为一种对人进行培养的社会活动，体育教学会受到多方面因素的制约，例如社会的物质、文化条件，尤其是社会教育目标和内容的制约。社会制度存在差异，国家情况存差异，体育教学的目标和内容也会存在差异。作为学校教育的重要组成，体育教学同其他学科教学共同构成达成学校教学目标的基础途径和重要手段。此外，体育教学不能一成不变，要因时因势而变，适应社会当下的现实条件和需要。

（二）认识规律

教学过程的方法论基础在于辩证唯物主义的认识论。人在对一切事物进行和形成认识的时候，都是由对事物或现象的感性知觉开始的。借助感觉器官，人们与外部世界环境建立了联系，而后借助抽象思维，由感性认识转变为理性认识，对事物的本质和发展规律进行探索和揭示，最终科学观念得以形成，并在实际中得到验证。

教学过程是学生的一种特殊认识过程。学生在对体育理论知识和运动技能等进行学习的时候，绝对不能脱离认识活动规律。在教学过程中，体育教师要帮助学生实现感知、思维和实践三个环节的紧密结合，不能缺失其中任何一个。从感知出发才能形成对事物的认识，以感知为基础才能形成表象；对于理性认识的形成和动作的掌握而言，思维是关键；经过实践，才能够对知识进行巩固和应用，才能够实现运动技能的提升，实践是发展身体能力、提升身体素质、保证身体健康、形成健康心理的途径。

（三）学生身心发展的规律

学生是教学的对象，其身心发展有一定的规律，这对于教学过程也十分关键。从教学目标的明确、教学内容的设计，到教学形式的选择、教学方法的选择等，都必须遵循学生的身心发展规律，以学生具体年龄和性别的身心发展特点作为基础，开展教学过程的安排和设计，因材施教，才能够实现良好的教学效果。

（四）教与学辩证统一的规律

要想完成教学目标，需要对教与学的关系进行正确认识和处理，不仅要实现教师的主导作用的最大化，还要尊重学生的主体地位，充分调动其学习积极性。

从实质上看，教学过程是教师通过有效的方法措施，对学生学习进行引导，使学生对知识和技能从不知到知之，再到用之的转化过程。教师在其中发挥着主导作用。然而，这只是教与学的关系的一面，另一面是学生的主体地位。学生是学习的主体，教学过程中如果只重视教师的主导作用，而忽视学生学习的主动积极性，那么教师的主导作用也无从发挥。学生学习的积极性和主动性一定程度上决定了教师主导作用的发挥和作用的大小。必须要将教师的教和学生的学结合起来，实现两者的配合与统一，才能够收获理想的教学效果。

（五）教育、教养与发展相统一的规律

教学过程是学生受教育的过程，教师不仅要将知识、技能传授给学生，还要在这个过程中，对学生开展思想品德教育，培养学生良好的思想情感、精神道德和品质，这是教学的教育目标；借助系统的知识、技术、技能对学生进行培养，这是体育教学的教养目标；在实现体育教学的教养目标的同时，实现学生体力、智力的最大化发展，这是教学的发展目标。教育目标、教养目标和发展目标，三者是紧密联系的统一整体。无数的教学经验证明了，此三者之间相互联系、促进、渗透，互为因果，在教学目标之中相互统一。

（六）教学内容和教学过程相统一的规律

一切课程都是教学内容与进程的总和。教学过程中，形式是由内容所决定的，例如，教学的原则、教学的方法、教学的组织形式都要基于教学内容进行考虑。教学进程同样受到教学内容的影响。由此可见，教学过程很大程度上受到了教学内容的支配，而教学内容和体系同样受到了教学过程其他规律的制约。

（七）教学效果取决于教学基本要素合力的规律

教学效果受到教学基本要素的直接或间接的影响，而这些影响并非孤立、简单地存在的，而是教学基本要素之间相互联系、影响、制约和作用之下而产生和存在的。也就是说，体育教学过程之中，其基本要素会形成一种力，这种力会对教学效果形成影响，并且其并非单个要素的力的简单相加，而是因为每个要素在关系中形成的“合力”。所以，在教学过程中，教师要发挥主导作用，就是要对这些关系进行合理的把握和处理，采取合适的方法、手段、组织形式，安排合适的教学内容，构建优质的教学环境，明确教学目标。而在发挥主导作用的过程中，教师要对学生的具体情况，如年龄、个性、心理、生理特征，以及已有的知识、经验基础、动机、兴趣、态度与学习方法等进行充分考虑，进而组合为一个动态、综合的“合力”，这对于教学效果有着关键的决定作用。

三、体育教学过程的优化

体育教学过程有不同的层次和分类，但是只有课时体育教学过程是体育教学的具体实践环节，是组成其他各个层次体育教学过程的基本单位。我们所讲述的体育教学过程的优化，实际上也是对课时体育教学过程的优化，笔者通过对体育教学特点、教学实践的分析和总结，得出体育教学过程的优化有以下几个方面的策略。

（一）优化体育教学目标

体育教学以体育教学目标为出发点，并最终归于此，这也是首先解决的问题。因为在体育教学过程中，它在体育教学方法的选用、教学内容的安排、教学过程的开展、教学结构的设计和教学手段的选择等方面进行引导和统领。体育教学目标是按照一定的依据来选择和制定的，会受到教学目的、教学环境和教学水平的影响。在确定体育教学目标的时候，一定要保持明确性、科学性和可操作性，同时保证各目标之间有着显著的差异并且相互连贯。明确体育教学目标时，要做到能够促使教学设计更好地开展，促使教学过程得到反映和监督，促使教学评价更好地进行，这就是体育教学目标的优化策略。

（二）优化体育教学内容

在体育教学过程中，体育教学内容是最基本、最主要的组成部分，承载着教学目标，将教师和学生联系在一起。学生对教学内容的接受程度、认可程度和兴趣度，都与体育教学目标的实现程度有直接的关联。所以，选择和安排教学内容，必须要做到精中选精、优中选优，使之能够调动学生的学习兴趣和动力。若是体育教学内容与教学实际不相符、不适应，不具有学习性，就会使得教学活动变得“可望而不可及”，不利于教学质量的提高。因此在对教学活动内容进行优化的时候，教师应该选择一些学生喜闻乐见的内容，合理地采用一些竞技类的项目，使之更具有学习性。

（三）优化体育课堂教学结构

课堂结构是教学过程的主要表现形式，它指的是在规定的时间和空间的教学活动中，进行各个教学环节、教学步骤的具体安排，也是教学目标的实施计划、教学内容的实施和各教学方法的主要体现。由于体育教学涉及的因素较多，较为复杂，因此体育教学的课堂结构是一个较为复杂的系统，在进行体育课堂结构的调整优化时，要具备宏观意识，从整体考虑，保证其各个组成部分可以相互协调、相互促进。要保证课堂结构优化的合理性，应该坚持课堂立体五结构优化理论，具体内容如下。

（1）智能结构优化，指优化一些具体的、清晰的、可测的课堂教学目标，主要包括运动认知的容量、思想道德教育的要点和技能训练的重点。

（2）时间结构优化，指课堂各个教学环节所用的时间要保证分配的合理性，保证教学目标的圆满完成，将时间有效地分配到教学的重点和难点上。

（3）认知结构的优化，指按照学生的认知水平对教学过程进行合理的安排，促使教学的发展过程得以符合由浅入深、由易到难、循序渐进的原则。

（4）信息结构的优化，指在充分发挥学生主体性地位的基础上，保证教学过程相关的信息能够得到迅速有效的传递。在体育课堂教学中，对学生的组织协调要及时有效，对教学的评价要准确到位。

（5）训练结构的优化，根据学生的身心发展特点、教学内容的特点、教学环境、教学条件等，合理地安排训练的内容、方法和步骤，从而实现教学目标。

（四）优化体育教学方法

体育教学方法是知识和技能传递的依据，是连接学生和教师之间知识传递的纽带，是实现体育教学课堂目标所采取的各种行为方式的总称。由此可见，体育教学方法在体育教学过程中占据十分重要的地位。好的教学方法能够促进教学目标的完成，错误的教学方法不仅会对学生的身心发展造成不良影响，同时也影响教学目标的顺利完成。在进行教学方法的选择时，首先要保证与教学内容的适应性、与教学知识和水平发展的适应性，提高教学的效率和教学的水平，帮助学生实现对更多知识和技能的快速掌握，对学生进行全面的德育，促进学生的全面发展。因此在进行体育教学方法的选择时，要注重教学方法选择的科学性，结合学生的身心发展特点、教师的教学水平、教学设备和环境以及教学的知识和特点进行教学内容的安排。创新是教育的根本，只有创新才能有更大的突破，因此在进行教学方法的选择和优化的过程中，要注重教学方法的创新，激发学生的学习兴趣。最重要的还是要强调通过教学评价对学生进行激励，让教学评价成为检测和完善教学过程的依据。

（五）优化体育教学评价

体育教学评价能够检测体育教学方法是否科学、教学过程是否合理，同时还能检测教师的教学水平，是教学过程不断优化和完善的前提。教学评价能够使教师不断地发现教学中的问题，然后进行解决和改正。由此可见，教学评价是教学过程中的重要环节，在进行教学评价时，应该注重评价的全面性、民主性、科学性和发展性，最重要的还是要注重评价的激励功能，使之更好地为教学活动服务。

第二节　我国体育教学思想的发展

在体育教育发展的过程中，体育教学思想起着重要的指导作用。合理而正确的体育教学思想的确立能为体育教育的发展指明正确的方向，否则学校体育教育的发展就会误入歧途，不能在正确的轨道上前进。因此，强化我国普通高校体育教学思想的研究对我国体育教学的长远发展具有重要的影响和意义。

一、我国现代体育教学思想的发展背景

（一）中华人民共和国成立初期的体育教学思想

中华人民共和国刚刚成立之时，各项事业都有待发展，经济基础十分薄弱，基于此，政府制定“全民皆兵”的重要国家策略，以促进社会经济恢复和发展，以及保卫祖国。这一阶段，学校体育教学的基本目标在于培养具有强健身体的社会主义建设者。在这一时期，学校体育教育的内容也包括军事方面的思想和技能，

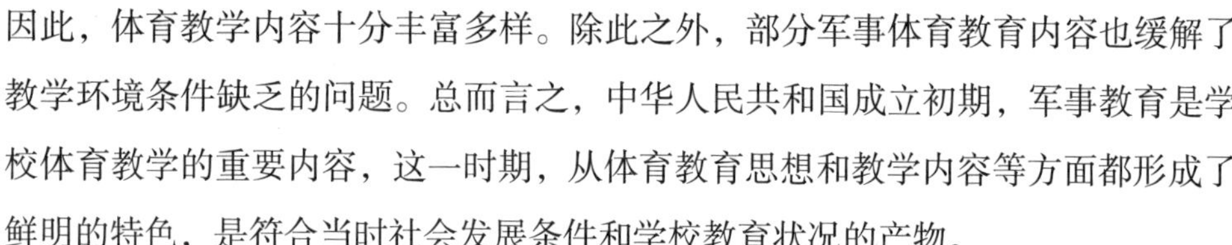

因此，体育教学内容十分丰富多样。除此之外，部分军事体育教育内容也缓解了教学环境条件缺乏的问题。总而言之，中华人民共和国成立初期，军事教育是学校体育教学的重要内容，这一时期，从体育教育思想和教学内容等方面都形成了鲜明的特色，是符合当时社会发展条件和学校教育状况的产物。

（二）竞技体育思想的形成与发展

不论是在小学、中学还是在业余体校，竞技体育思想早已成为重要的教育内容。高校体育教育也同样对中学体育教育的思想和内容进行了延续，对竞技体育的特色进行了保留，甚至人们一提到体育就是指竞技体育，由此可见竞技体育思想的重要地位。在我国体育教育发展的过程中，竞技体育也的确对中国国际影响力的提高起到了重要的推动作用，使我国从一个体育弱国逐渐成为一个体育大国，并向着体育强国的目标发展。

（三）改革开放初期体质健康思想的确立

改革开放后，随着各项事业的改革与发展，我国的高等教育也迎来了新的发展机遇与挑战。1979 年，《学校体育卫生工作暂行规定》出台，明确指出学校体育在整个学校教育中的地位，明确说明体育教育是学校教育不可或缺的重要组成部分。

1983 年举办的“全国学校体育卫生工作”会议，明确了以增强学生体质为主要目标的学校体育教学指导思想。1985 年下发的《中共中央关于教育体制改革的决定》，对全国教育系统工作提出了明确要求，明确提出要对我国现行教育体制进行改革，从而为提高民族素质、培养人才提供必要的政策保障。

以上这些文件与措施的出台极大地延展了我国体育教学的目标，在体育教学目标体系中增加了促进身心健康、培养良好心理素质等内容，满足了改革开放初期我国高等教育的发展需求，是一个大的进步。

（四）深化改革阶段的素质教育指导思想的形成

20 世纪 90 年代，我国正处于改革开放的快速发展阶段，在这一时期，通过大力的改革与发展，我国社会各项事业都取得了不错的发展，学校体育教学改革同样如此。在这一时期，学校体育教育改革日益深化，体育教学、课外体育活动、体育比赛等各种改革模式不断出现，这对于我国体育教学的发展起到了重要的推动作用。经过多年的努力，我国高校体育教学基本上建立了以素质教育为主要目标的、更为宽泛的体育教学与体系。

我国早就提出全面发展的教育方针，素质教育正是全面发展教育方针在新时期的继承与发展，也是体育教学的重要指导，在理论和实践当中对我国体育教育教学的发展产生了深远影响。

（五）现代“终身体育”“健康第一”指导思想的形成与发展

通过研究发现，近些年我国大学生的体质健康状况不容乐观，体质呈逐年下降的趋势，这对我国高等学校教育的改革提出了切实的要求。在这样的背景下，“健康第一”教学指导思想受到了体育教育部门及教师的普遍认同。近些年来，我国高校进一步明确了“健康第一”教学指导思想的地位，提出要采取各种手段与措施切实提高学生学习体育的兴趣，促使学生养成良好的生活习惯，从而实现“终身体育”锻炼的目的。除此之外，教育部还制定了《学生体质健康标准》，对学生的体质健康进行检测与评价，这对于学生体质水平的发展起到了重要的作用，同时也非常有利于素质教育的推进与开展。发展至今天，“终身体育”“健康第一”的现代体育教学指导思想已逐步确立，成为指导高校体育教学工作的核心纲领。

二、现代科学体育教学思想的形成

（一）“以人为本”的体育教学思想

1. 早期“以人为本”教学思想的体现

我国自古以来就非常重视人的教育，强调人在自然界、人类社会发展的重要性。我国古代教育系统中，关于“以人为本”的教学思想的体现，在早期并没有形成一个系统化的理论体系，而只是在教学内容中体现出来。商周时期的“民本”思想，是我国古代教育家和思想家，重视“人”的重要体现，认为人民是这个国家的基础。发展到春秋时期，儒家倡导“仁者爱人”的思想；战国时期，齐国管仲提出“以人为本”的治国思想，再到后来孟子提出的“以民为国家之本”等思想。这些思想都与“以人为本”教学思想有着密切的关系，只是当时对人的关注更多的是政治意义的体现，在教育方面并没有系统地显现出来。

2. 西方“以人为本”教学思想的传入

古希腊时期，“以人为本”的思想雏形就已经出现，并在文艺复兴时期广泛推广。19 世纪初，费尔巴哈首次提出“人本主义”，在西方教育中一直影响至今。在人本主义思想的影响下，西方教学体系发生了重大变革，各种教育活动内容、方式、方法的选用，都将促进人的发展放在了首要考虑的地位。

3. 新时期我国“以人为本”教学思想的内涵

新时期，突出素质教育是当前体育教学改革的重要任务之一。教育部在新的体育课程教学指导纲要中明确指出：“体育教学应促进学生身心和谐发展，重视学生的思想品德、文化科学、生活与体育技能教育”①，以达到符合时代和社会发展需要的全面人才的培养目的。

在素质教育大背景下，学校教育所要培养的人才应是身心健康和社会能力较强的全面素质发展的人才。为深化体育教学改革，新时期一定要转变体育教学思想，我国在《中国教育改革和发展纲要》中指出，体育教育教学发展与当前的社会经济发展要求相适应。国家发布《中共中央　国务院关于深化教育改革全面推进素质教育的决定》，明确规定教育应促进学生发展，为国富民强和民族复兴培养优秀接班人，充分说明了在体育教育中学生发展的重要性。

“以人为本”是一种人性化的教育，为我国体育教学的发展指明了改革的方向，它充分强调了学生在体育教学中的主体地位，强调了体育在育人方面的重要性，重视体育教学中人主动性和积极性的调动、人的发展、人的创新。“以人为本”是我国学校体育教学发展的重要教学思想。

（二）“健康第一”的体育教学思想

1. “健康第一”教学思想的提出

在我国，“健康第一”首次作为教学思想被提出是在 1950 年。当时，我国处

① 全国普通高等学校体育课程教学指导纲要 [J]. 中国学校体育，2002（06）：5-7.

于社会各界在东西方文化激烈碰撞的基础上寻求教育范本的社会背景下，毛泽东提出“健康第一”的思想，旨在改变当时学生负担太重、健康水平日益下降的现状，他指出：“各校要注意健康第一、学习第二。”[①]

2.“健康第一”教学思想的曲折发展

中华人民共和国成立初期，在国民体质迫切需要提高的国情下，我们党和国家高度重视青少年学生的身体健康发展。国民素质教育、国民体质教育、青少年儿童健康教育是当时体育发展的首要问题，也正因如此，在当时的体育教育中，关注学生健康问题的呼声越来越受到社会各界的广泛关注。

虽然此后在竞技体育教学思想的影响下我国并没有充分贯彻落实健康体育教育，但是，对体育教育应该关注学生健康发展的教育思想观念主张从来没有停止过。

3. 新时期“健康第一”教学思想的应运而生

20 世纪 90 年代，“健康第一”教学指导思想的内容更加明确，它主要是对“素质教育”的诉求，是一种多样化和复合型的新型体育思想，强调在体育教育教学的过程中“以学生为本”理念。

此外，我国的社会发展现状，也迫切需要进一步明确和落实“健康第一”的体育教学思想。调查显示，近年来，我国青少年的身体素质不断下降。青少年身体素质和体质健康水平的不尽如人意受多方面因素的影响，如饮食结构、生活方式、生活习惯、学习与就业压力等。不得不承认，社会的进步给人类带来便捷的同时也改变了人类的生活方式，现阶段大量“文明病”不断侵害人们的健康；快餐文化影响着青少年学生的饮食习惯与结构，摄入热量高而运动消耗较少，青少年肥胖者人数不断增加；当前社会竞争激烈，包括学生群体在内，他们面临着课业负担、就业压力以及人际交往等各种问题。加强体育教学改革、增强学生体质非常迫切。

进入 21 世纪以后，随着我国体育教学改革的不断深入，“健康第一”的体育教学思想逐渐明朗，并日益得到重视。当前社会，知识的更新和边缘学科的发展

① 康娜娜. 新中国成立以后我国学校体育思想的嬗变及其发展研究 [D]. 北京：中国矿业大学，2014.

是史无前例的，各种竞争也日趋激烈。在这样的时代背景下，国务院适时提出了“健康第一”的指导思想，要求学校体育教育应培养身体健康、心理稳定、拼搏竞争、团结协作的新型高素质人才。

现阶段，我国已经明确确立了“健康第一”的体育教学指导思想。该教学指导思想是一种重要的具有体育促进人科学发展的重要教学指导思想，它主张体育教学应将人的健康发展放在第一位，健康是教育的重要功能和人发展的基础。“健康第一”教学思想强调，教育应为促进人的健康发展服务，围绕人的健康开展各种教学活动，健康同样也应是体育教学的重要关注点，体育教学各项活动的展开应有助于促进学生身体、心理的健康和全面发展。

（三）“终身体育”的教学思想

1.“终身体育”的内涵

“终身体育”是“终身教育”的重要组成部分，“终身体育”就是要将“体育健身”贯穿于“生命的全过程”。

（1）从时间上来说，“终身体育”贯穿于人的一生。（2）从活动内容上来说，“终身体育”运动项目丰富多样，具体可根据个人爱好选择。（3）从人员上来说，“终身体育”面向社会全体公民。（4）从教育方面说，“终身体育”是促进公民整体素质提升、国家繁荣富强的有效手段。“终身体育”由相互联系和相互影响的学校体育、社区体育、家庭体育构成，作用于个人一生的社会生活。

2.“终身体育”思想提出的社会背景

“终身体育”思想的提出，与当前社会所面临的各种发展问题以及教育的现代化改革需求具有密切关系。从本质上来说，“终身体育”是群众普及体育的进一步发展，以实现广泛普及化。在现代社会，生存发展是时代的主流，人们要想更好地生活，就要把体育与生活紧密地联系在一起，民众身心健康发展是更好适应自我发展需求和社会发展需求的重要基础。实现全民的贯彻一生的体育健身，是我国提高国民素质、建设体育强国、健康中国和实现中华民族伟大复兴的重要基础。以终身体育为指导开展全民健身运动是我国社会发展的需要。

健康，是促进人的全面发展的必然要求，是社会发展的重要基础，是国富民强的标志。习近平在2016年全国卫生与健康会议上的重要讲话中指出："要把人民健康放在优先发展的战略地位。"[①] 2017年中国共产党十九大总结经验，为未来中国的健康、持续发展指明了方向，提出坚决贯彻和实施"健康中国战略"，"实现中华民族伟大复兴"。而通过终身体育，在学校体育教育中培养学生的终身体育意识、提高学生的终身体育能力，是为以后的中国社会建设者和接班人奠定重要的终身体育思想和实践基础，是通过体育教育来实现全民健康发展、惠及全民健康的重要和有效途径。"终身体育"是当前的重要体育教学指导思想，它有利于人的长期发展，关注人类社会的可持续发展，并在此基础上形成科学的体育教学思想。

3. 个人"终身体育"思想的形成

"终身体育"教学思想关注学生的"终身体育"思想的形成，对其中的子因素进行干预和调整，最终使学生确立终身体育意识。黄丽秋调查指出，当前"影响终身体育发展的要素"主要有观念因素、课程因素和主体因素三大类，具体还可进行细分，对其中的可控因素进行调节，以此来优化体育教学是促进个人终身体育习惯养成的重要基础。

第三节　科学化教育思想在当代高校体育教学过程中的创新运用

一、人文思想对当代高校体育教学过程的影响

（一）促进传统体育教学理念的更新

生物体育观一直是传统体育教学发展和改革的基础。在新的历史时期，我国在人文体育观念的影响下，在教学改革中出现了"学习领域目标""课程目标"等一些新的概念。在教学过程中，对教学目标也进行了多方面的层次和类别划分，

① 习近平．习近平全国卫生与健康大会强调：把人民健康放在优先发展战略地位 努力全方位全周期保障人民健康 [EB/OL]．（2016－08－21）[2022－10－20].http：//news.12371.cn/

确立了“身体健康”和“运动技能”两个最为基础的目标，并且在此基础上确立了“心理健康”和“社会适应”等多方面的新目标。

在体育教学改革过程中，随着课程改革的深化进行，人文精神逐渐回归。在开展大学管理、教学等方面的活动时，僵化的行政观念模式正在逐步松动，并且处处体现着人文关怀的印记。在教学过程中，体育课堂教学不再囿于教师示范、学生学练的重复模式，还明确了教学过程中其他要实现的目标，因此，教学氛围也更为活泼、有趣，学生也容易接受。

（二）加快体育课程体系的调整

在体育教学改革与发展的过程中，课程体系改革是非常重要的一方面。课程体系改革能使体育教学内容更加丰富多样，适应学生多方面的需求。然而，在体育教学实践过程中，在设置相应的教学课程时，学校也有不足之处。在学校教学过程中，为了赶上教学进度，很多学校都会牺牲体育教学的时间，用来进行其他学科的学习。并且，在教学过程中，体育课的上课时间也不够，很难满足学生的体育锻炼需求。

现今体育教学中，在人文思想的影响下，上述的一些教学中的问题得到了明显的改善。学校在设置相应的体育教学课程时，开始考虑学生的各方面需求，并且在课程中逐渐将学生作为课程中的主体。学校在进行教学内容和课程体系设计时，更加注重学生的个性和性别特点，并且开始根据学生的身体素质水平来提供丰富多彩的、供学生进行选择的体育教学内容。在体育教学过程中，教学工作者更为重视学生的身心发展规律，借助多维度的措施来提高学生的学习兴趣和积极性，使体育教学的效果得到进一步提高。

（三）促使体育教学方法不断优化

在体育教学改革中，对体育教学方法的改革是其重要内容。在人文主义思想的影响下，体育教学通过多种形式的改革，改进体育教学的手段，同时对学生的人文精神进行培养。作为人文体育教学的重要组成部分，学生在体育教学过程中要得到全面的发展，这需要教育工作者对学生的素质教育给予高度的重视。

体育教学过程在人文主义教学思想的影响下得到了优化和发展。教师在人文教学实践中，通过不断创造和探索生动有趣的教学方法，使学生能够在教学过程中真正体会到体育运动的快乐，并且能够在运动过程中感受到其乐趣和独特魅力，形成终身体育思想。

学校在对原有体育教学课程内容进行改革的过程中，运动场馆和运动设施逐渐得到了发展和完善。体育运动场馆和设备是教学必不可少的工具，通过多方面的建设不仅能够使学生更好地进行体育运动，还能够使他们深入理解体育教学中的人文主义精神。

（四）构建科学的体育教学评价体系

在人文教学思想的影响下，教学评价体系逐渐发展和完善。新的评价体系不仅注重对学生进行全面的评价，还注重对教师教学方面的评价。在教学过程中，评价者开始注重“区别对待”的原则，针对教师和学生的不同情况进行相应的评价。

教师在对学生的学习效果进行评价时，开始重视对多方面的教学效果进行量化分析，并且将定性评价和定量评价相结合，大大提高了体育教学评价的科学性，对于学生认识自身的不足以及获得学习的动力起到了良好的促进作用。

在评价学生学习能力时，不局限于技术技能的评价，同时也要注重对其创新能力、学习态度的评价，建立一个综合性的评价体系。学校在构建相应的评价体系时，不仅注重其科学性和可操作性，更加注重在评价过程中体现多方面的人文关怀。在每堂课完成后，体育教师都要及时回忆每一位学生的出勤情况及所有隐性情感的表现，并客观、合理地进行记录和评价，同时能够基于学生的学习表现来考查学生情感态度的变化和进步程度，并将学生情感的评价结果作为重要的依据，以促使学习效果评价更为合理和科学。

（五）加强校园人文环境建设

在体育教学过程中，良好的教学环境是取得较好的体育教学效果的重要保证。因此，在教学过程中，应加强学校的人文环境建设，营造良好的教学氛围。

人文环境建设并不仅仅是学校的体育场馆和运动设施等方面的建设，还包括学校的体育文化建设，推动学生以积极的态度参加校内的各项体育锻炼活动，同时实现全身心投入体育。体育运动文化的建设是一个长期的过程，在这一过程中，学生不自觉地获得了感染和熏陶，从而认可和接受相应的体育运动文化。高校校园人文环境的建设，有助于构建体育教学的人文环境，推动人文精神的培养。

（六）促进教师人文素质的不断提高

在体育教学过程中，体育教师对学生有着更为直接的影响。换句话说，体育教师在学生人文精神的培养当中占据着关键性地位。如果体育教师不具备较高的人文素质，就无法培养出富有人文精神的学生。在教学实践中，无论是体育教师的形象、口才，还是其知识基础、专业水平、人格力量、道德修养等，都对学生人文精神的养成产生了直接或间接的影响。因此，不可否认的是，高水平师资队伍的建设是帮助学生养成人文精神的前提条件，促进体育教师专业素养和人文素质的持续提升，不断更新知识，正是将人文精神融入体育教学中的关键。

二、人文思想在当代高校体育教学过程中的运用

第一，突出人文性，坚持人文性的教学观念，设置对应的教学目标。“终身体育”“全民体育”的口号在我国相继提出。体育与健康教育，强调“健康第一”；素质教育，强调促进学生创造力的发展，以及体育能力的培养。因此，体育教师必须既抓眼前，又要兼顾长远，在增强学生体质之余，也大力提升学生的体育素养。

第二，基于学生兴趣设置能够使学生终身参与的教学内容。在人文体育理念的影响下，高校体育教学内容必须与时俱进、推陈出新。通常而言，结束了基础教育阶段的大学生具有较好的体能，个性特征也比较鲜明。体育教学应当将更大的可选择空间提供给大学生，使他们能够开阔视野，调动他们参与体育运动的积极性，为其“终身教育”思想奠定基础。

第三，采用适宜的教学方法。适宜的教学方法，将会大大提高教学的效率。体育教师在一次次教学方法的尝试中，找到最适宜的那种方法，进而激发大学生

参与体育活动的兴趣，培养其体育意识和情感，促使他们获得更多体育经验，使其体育价值观日趋成熟。长期以来，受苏联体育教学模式的影响，我国体育教学一成不变、枯燥乏味、模式单一。因此，体育教师选择的教学模式要做到能够调动学生的自主性、积极性和能动性，能够促进学生身心协调发展和个性发展。这样，体育教学才能够一方面做到传授知识和技能，另一方面做到寓教于乐。由此可见，对于学生的社会化发展，体育教育有着至关重要的作用。高校体育教育同时是一种养成教育，能够培养和强化学生的体育爱好，使之能够逐渐成为一种具有稳定性的体育习惯，并在长时间坚持后，进而演变为一种健康的生活方式。

第四，体育教学单一评价体系向复合型评价体系转移。体育教学评价若要体现人文精神，就必须做到：第一，不能为“评价”而评价；第二，评价的形式应该更客观；第三，评价的内容应更加全面，除了学生对自己和对同学的评价，还要有对学生技能的考核，还应包括对教师的评价。“以人为本”是现代教育的发展趋势，也是体育教学发展的必然结果，体育教育工行作者需要不断革新体育教育观念，更加深入地认识体育教育工作的内涵。在新型教学模式的创新以及教学评价体系的更新等方面积极探索，将人文主义精神真正渗透到具体的体育教学实践之中。

三、科学体育教育思想在高校体育教学过程中的创新运用

（一）以科学发展观为指导

以科学发展观为指导，顺应时代发展的潮流是高校体育教学发展的必然趋势，体育教学只有顺应这个趋势，才能实现可持续发展。

1. 学校体育教学应重视培养学生的自觉能动性

激发学生的体育兴趣：在学校体育教学中，如果体育教师能够充分尊重学生的体育兴趣、满足学生的体育需要，将为学生终身的体育学习打下坚实的基础。因此，体育教学应激发学生学习兴趣和积极性，不仅让学生实现对体育知识和运动技能的掌握，还要实现对体育的基本方法的掌握。培养学生的自觉能动性，只有学生才是学习和发展的主体，只有把学生培养成为教学活动的主人，使他们积

极主动地学习，才能提高学习效率。

教师的体育活动设计科学化：教师对学生参与活动的先行设计，在一定程度上决定了学生能否积极、主动地参与体育教学过程。基于此，体育教师应让学生在繁重的文化课后卸下包袱，释放自己，轻装上阵。通过以上这些措施，学生就会更加真切地体会到运动的乐趣和价值，以积极主动的态度参与体育运动锻炼，并把体育运动锻炼发展为自己的终身爱好。

2. 有效实施“阳光体育”

2006 年，《关于开展全国亿万学生阳光体育运动的通知》正式提出“阳光体育”的总体目标。按照教学内容决定教学形式的客观规律，在对“校园阳光体育”的活动形式进行选择的时候，要基于具体的活动内容和目标，对课间操、运动会、校际比赛等形式进行灵活的、综合的利用。终身教育是学生离开学校后要接受的伴随着人的一生全过程的自发、自主的教育过程。值得一提的是，终身体育锻炼的内容、形式、时间和地点等方面都具有自发、自主的特点。体育教学中应注重学生兴趣和自觉锻炼的意识培养，最终实现人的全面发展的终极目标。

（二）高校体育教学活动的科学化保障

1. “极点”和“第二次呼吸”

在剧烈运动时，特别是中长跑时，人体会产生胸闷、呼吸急促、动作迟缓且不协调甚至恶心等现象，这在运动生理学上称为“极点”。调节呼吸后动作将变得协调有力，呼吸均匀自如，一切不良感觉消失，身体恢复正常。这种现象，运动生理学称之为“第二次呼吸”。

（1）原因。产生“极点”的主要原因是人体各器官系统都有生理惰性，而内脏器官惰性大于运动器官，从事剧烈运动时，运动器官能很快达到最高机能水平，而内脏器官跟不上运动器官的需要，造成机体缺氧和酸性代谢产物的堆积。“极点”出现后，如果坚持继续运动，内脏器官惰性将逐渐被克服，改善氧的供应，加上“极点”出现后运动速度减慢，使运动器官和内脏器官的功能关系基本协调，生理过程出现新的平衡，故出现了“第二次呼吸”。

（2）处置与预防。“极点”和“第二次呼吸”是长跑运动中常见的生理现象，无须疑惑和恐惧。只要坚持经常锻炼，剧烈运动前做好准备活动，运动中适当增加呼吸深度，稳定情绪，“极点”现象是可以延缓和减轻的，甚至可以不出现。

2. 肌肉痉挛

肌肉进行不自主的强直性收缩，变得坚硬、疼痛，俗称“抽筋”。

（1）原因。在寒冷环境中运动，肌肉受到寒冷刺激易引起肌肉痉挛，多发生在游泳或冬季户外运动时。进行长时间大强度运动，特别是在夏季从事长时间大强度运动时，由于大量排汗，也会使人体内水盐代谢失调而引起痉挛。

（2）症状。局部肌肉剧烈挛缩发硬，产生难以忍受的疼痛，而且短时间内不容易缓解。

（3）处置。遇到肌肉痉挛要沉着、冷静。

（4）预防。首先，应加强运动锻炼，提高身体对寒冷的适应能力；其次，进行运动前要做到热身活动，全面拉伸和按摩易肌肉痉挛的部位；再次，高温天气长时间运动时，要注意补充盐分；最后，不在身体疲劳和饥饿的时候剧烈运动。

3. 运动中的腹痛

指的是运动时或者运动完毕，因为锻炼而出现的腹部疼痛，它常发生在长跑、马拉松跑等耐力性运动项目中。

（1）原因。主要原因在于没有在运动前做好热身活动，直接进行剧烈的运动，但此时的内脏器官等没有进入竞赛状态，就会造成脏腑功能失调，产生腹痛；或者是因为腹部受凉而造成肠胃痉挛；也可能是运动过于激烈、时间过长，下腹静脉压力上升，给血液回流造成阻碍，致使两肋部胀痛；慢性阑尾炎、溃疡病等患者在进行剧烈运动时，病变部位因为震动、牵扯等刺激也会造成腹痛。

（2）症状。不同的腹痛原因导致腹痛的部位是不同的，肝脾疲血原因导致的腹痛、肝痛部位是右季肋部，脾痛部位是左季肋部，多为胀痛或牵扯性痛；肠痉挛、肠结核原因导致的腹痛部位在腹腔中部；食后运动原因导致的腹痛部位在上腹部或中腹部。

（3）处置。人们在运动中发生腹痛时，如果没有器质性病变的迹象，通常而言，可以尝试适当放缓跑步速度、减小负荷强度、慢慢地深呼吸、按摩腹痛部位等方法，之后腹痛感将会变弱甚至不再感到疼痛。

（4）预防。膳食安排要合理，饭后须经过一定时间以后（约 1.5 小时）才可以进行剧烈运动，运动前不宜过饱或过饥，也不要饮用过多的汤水；高温天气运动一定不能忘记补充盐分；如果腹痛原因是慢性病那么必须要尽快就医，听从医生的安排。

4. 运动性肌肉酸痛

参加运动锻炼的人，特别是刚开始参加锻炼的人，在运动之后往往感到肌肉有酸痛感觉，这在运动医学中叫作运动性肌肉酸痛。

（1）原因。根据近代运动生理学理论，运动性肌肉酸痛是因为肌肉活动量突然增加，给局部肌纤维及结缔组织造成细微损伤，造成部分肌纤维痉挛而形成的。

（2）症状。运动性肌肉酸痛不会对肌肉的整体运动能力造成伤害，而是因为局部肌纤维受到损伤或发生痉挛，而产生酸痛、发胀等，并且，肌肉在经历这种酸痛后会对细微损伤进行修复，这样肌肉反而会更为强健。

（3）处置。运动性肌肉酸痛是人们日常运动中最容易遇到的，对于这一问题的处理方法也较多。

第一，静力牵拉法。可对酸痛局部进行静力牵拉练习，即将肌肉先慢慢拉长，然后在拉长位置保持 2~3 秒静止状态。但是，练习时要慢慢发力，若是过猛很容易会导致肌纤维再次损伤。第二，按摩。按摩是每次运动都需要做的，这样能够让肌肉恢复放松状态，加快血液循环。第三。热敷。这和按摩一样也能够加快血液循环，需要在出现酸痛的部位热敷，还能够加快代谢，促进肌纤维修复，减轻痉挛。第四，针灸和电疗，在酸痛的部分针灸和电疗，可起良好的效果。

（4）预防。人们在运动前，应充分做好准备活动，并注意对即将练习时负荷重的局部肌肉进行活动；尽量避免局部肌肉负担过重；运动结束后，也要做好相应的整理活动，应重视肌肉的伸展性练习。

（三）贯彻落实“健康第一”教育思想

1. 健康教育的主要任务及目标

（1）调整体育教学内容，普及科学的锻炼知识

增强学生的体质水平，是健康教育最为重要的目标之一。高校体育教学应根

据学生体质健康测试标准，并结合学校的具体实际，允许学生自由选择自己喜爱的体育项目，使他们自愿参与到自己喜爱的运动项目中，从而掌握基本的健身方法和技能，进而树立终身体育锻炼的意识。

（2）进一步完善体育与健康教育体系

体育教学的内容异常丰富，在体育教学中渗透着体育人文学、运动人体学、健康教育学等内容，这使人们的体育锻炼富有科学性和人文性。在体育教学中应不断提高学生对体育课的兴趣，使他们认识到体育健康教育的意义。另外，在体育教学中，还应增加促进学生身心健康发展的常识性内容，以帮助学生建立和养成良好的作息习惯，促进学生的身心健康发展。

（3）贯彻“学校教育要树立‘健康第一’的指导思想”

现代社会竞争日趋激烈，在这样激烈的竞争环境下，仅仅依靠丰富的知识和较高的智慧是不能适应这种变化的。在这样的时代背景下，国务院提出了“健康第一”的指导思想，要求学校培养身体健康、心理稳定、拼搏竞争、团结协作的新型高素质人才。学校体育教育的理念应从以往单纯的“增强体质”为主转移到“健康第一”的新型发展观。

（4）高校体育教育要服务于学生体质健康

“健康第一”的指导思想要求学校体育教育要服务于学生的体质健康。其中，运动技术是提高学生身体素质的良好手段，但学生同时也需要掌握体育保健的方法，养成自觉锻炼的意识。

（5）高校体育要服务于学生心理健康发展

在学校体育教育中，心理健康教育非常重要。当前，社会竞争越来越激烈，在这种背景下，学生产生了各种各样的心理问题。因此，学校体育教育要高度重视大学生的心理健康教育。学校体育的组织形式比较灵活，制定的体育锻炼目标因人而异，全方位地评价学生的体育能力，对学生心理素质的提高具有重要的作用。

（6）高校体育要服务于提高学生的社会适应能力

学校体育教育对于学生协调人际关系，增强团队的凝聚力，加强自我心理调节能力，培养社会责任感，以及遵守社会规范都有重要的意义。因此，在学校教育发展的过程中，要将学校体育作为一门重要的教育工具，并深入挖掘其蕴含的教育价值，这样才能充分贯彻“健康第一”的教育理念，促进学生综合素质的提高。

2.“健康第一”理念下学校实施健康教育的途径

在新的时代背景下，在“健康第一”教育理念的影响下，学校进行健康教育的途径主要有以下几点。

（1）提高体育教师的综合素质

随着体育教育的不断发展，现代体育教育要求体育教师不能只满足于以前知识培养的单一教学模式，而要求体育教师必须具有一定的科研探索能力。这就要求体育教师掌握科学和人文两方面的基本知识，以及具有扎实的体育基本功。体育教师要熟知信息科学、生命科学、环境科学等基础知识，了解体育教育的人文价值，掌握学生素质发展的规律，努力提高自身的综合素养。除此之外，体育教师还要树立终身学习的思想，适应不断发展与变化着的社会。体育教育也需要与任课教师、学生、家长等有关人员的合作，以产生协调效应。

在现代体育教学快速发展的背景下，体育教学还要加强教师对教学的监控能力，在体育教学中，体育教师应结合自己的实际经验，善于在工作中发现问题、解决问题，努力提高自己的综合素质。

（2）健康教育的有力保障在于体育、卫生、美育的有机结合

进行健康教育，除了掌握基本的健身知识和体育能力外，还要求学生了解和掌握基本的营养、卫生等知识，要重视学生的营养和卫生知识的学习与指导。目前，我国学校体育与卫生保健的结合取得了一定的成效，但还没有形成一个完善的体系。因此，在新时期的体育教学中，要紧密结合学生的具体实际合理安排体育教学的内容，要紧抓学生的青春期教育和心理健康教育。另外，还要广泛开展多种多样的体育活动，丰富校园体育文化建设，让学生感受到良好的体育学习氛围。体育是健与美的有机结合，寓美育于体育之中，能丰富体育的内容和形式，使学生真正感受到体育运动的美，进而产生主动参与体育运动的兴趣，从而提升自身的综合素质。

（3）培养学生的健康意识和行为，使他们自觉参加体育锻炼

在体育教学中，体育教师要结合学生的具体实际，制定适合学生发展的体育教材，组织好学生参加体育运动锻炼。在上体育课时应注意适量，不应矫枉过正。在体育课外活动中应加强体育教师的指导力度；开展多种形式的体育比赛；有针对性地加强营养学、心理学、保健学、环保学、身心健康等方面的知识教育。

（4）加强学生健康知识和锻炼方法的培养，培养学生良好的体育运动习惯

在以往的体育教学中，大部分体育教师都过于重视运动技术的培养，而忽视了体育健康知识的传授，这是一种不好的现象，这在一定程度上导致了学生体育锻炼的盲目性，使得体育锻炼非常不科学。对学生进行健康知识的培养和传授能避免这种情况的发生。另外，学校还要综合考虑开设一些社会体育设施建设较好的体育项目，为终身体育的开展创造有利的条件。

3.“健康第一”体育教育思想的应用

“健康第一”教育思想中，“健康”是“全面”的健康、“多维”的健康。结合世界卫生组织对健康的多角度、多层面的陈述，也就是“健康不仅是指没有疾病和不虚弱，而且包括身体的、心理的和社会的健全状态”。因此，在“健康第一”教学思想指导下，体育教学应促进学生的健康、全面发展。“健康第一”教学思想运用于教学实践时，教师必须做好以下工作。

（1）明确体育教学任务

现代体育教学应促进学生的健康、全面发展。具体来说，在体育教学实践过程中，各项体育教学活动的开展应建立在多维健康观的基础上，重视学生的身体、心理、智力、社会适应能力等多方面的发展，通过体育教育教学培养一个健康的符合社会和时代发展需求的高素质优秀人才和接班人。

（2）落实体育健康教育标准

①调整体育教学内容，普及科学的锻炼知识，真正实现增强学生健康的目的。

②依据新的国家学生体质健康测试标准，制定具有区域性特点的、符合学生差异的学生健康标准考核。

③允许学生根据自己的爱好和特点自由选择体育项目，使他们真正参与到体育健身中来。

（3）培养学生健康意识和行为

①结合学生情况，选择适合学生发展的体育教材，组织好学生参加体育运动锻炼。

②体育教学与训练负荷注意适量，不应矫枉过正。

③体育课外活动中应加强体育教师的指导力度。开展多种形式的体育比赛；有针对性地加强营养学、心理学、保健学、环保学、身心健康等方面的知识教育。

（4）发展学生健康知识与技能

要促进学生的全面健康发展，必须先培养学生掌握能有利于自身健康发展的知识与技能的能力。在体育教学中，教师应注意加强体育、卫生、美育的有机结合，丰富学生的体育健康知识，同时还要让学生掌握体育与保健方面的知识，紧密结合学生的生长发育与生活实际情况来开展健康教育。此外，教师还要重视学生的体育健康运动技能的掌握与提高。

（5）关注学生的多维健康发展

体育教学中的“健康第一”指导思想的贯彻，要求体育教学促进学生的全面健康，其中，体质健康是基础。在此基础上，还应关注学生以下两个方面的健康。

①关注学生心理健康发展。现代社会竞争激烈，各种压力不断增多，来自社会各方面的因素如学习、生活、升学、就业、恋爱、婚姻等会给学生造成很大的心理负担，部分学生情绪和心理上都有一定的问题。因而，要重视学生的心理健康，努力提高学生的心理健康水平，而学校体育教育在这方面正发挥着独特的作用，通过开展各种体育教学活动，鼓励学生积极参与各种体育活动，以促进学生的健康心态、健康心理的形成和发展。

②关注学生的社会性健康发展，提高学生社会适应能力。体育是一种独特的教育形式，在一定规则的制约下，开展公平、公正、公开的体育竞赛，有利于协调人际关系，增强学生的意志力、团结合作精神和自我心理调节能力，培养学生良好的社会公德，增强学生的责任感，使学生遵守社会规范，更好地适应社会环境，并在适应社会发展的基础上能实现个人价值。

（四）明确“终身体育”教育思想

1.“终身体育”教育思想的基本特征

（1）体育运动锻炼时间的终身性特征

终身体育具有先进性，其原因在于，传统学校体育在教学目标、教学评价和教学观念上更加重视对运动技能的学习，而终身体育教育思想对此进行了超越，由此学校体育实现了更深一层的发展。传统的学校体育教学给体育学习套上了时间和内容的局限，通常认为体育学习要在上学阶段进行，学习内容就是体育知识和运动技能。不同于此，终身体育观念主张要结合每个人的具体生长发育、发展和衰退的规律和阶段性特征展开科学的体育活动。体育锻炼可使人受益终身，因此要终身参与。

（2）体育运动锻炼群体的全民性特征

“终身体育”不仅针对在校学生，其覆盖群体涉及社会各个群体，也就是说终身体育是面向全民的，具有全民性的特点，这是指接受终身体育的所有人，在对象上包括儿童、青少年、成人和老年人等；在范围上包括学校体育、家庭体育、社会体育等。

以终身体育为指导开展全面健身运动，其实质是群众体育普及的进一步发展，以实现广泛普及化。在现代社会，生存发展是时代的主流，要生存就必须会学习、运动锻炼和保健，人们要想更好地生活，就要把体育与生活紧密联系在一起，积极参与体育锻炼并促进身心健康发展，以更好地适应自我发展需求和社会发展需求。

（3）体育运动锻炼目的的实效性特征

人们进行体育锻炼应该具有明确的目的性，终身体育的最终目的是改善人的生活质量，增进健康，延年益寿。终身体育是以适应个人发展和社会发展为根本着眼点的。人们为了改善自己的生活质量，应结合自身的具体实际合理选择体育运动方式，从而促进自身体质水平的提高。

2.“终身体育”体育教学思想的应用

当今的学校体育教育已经慢慢跨越了学校的围墙，时间上由学生时期延伸到工作后，空间上由学校延伸到社区。就纵向而言，学校体育分为学前体育、学中体育、学后体育，或幼儿体育、中学体育、大学体育以及就业以后的体育。就横向而言，学校体育体系是终身体育体系中的一个重要构成，它并列于家庭体育、社会体育，使学校体育与社会体育、家庭体育统一发展，三者密切配合、相互协调，形成一个由幼儿体育、青少年体育、中老年体育有机贯穿的以全民为对象的终身体育教育体系。高校终身体育教学主要可以从以下几个方面入手。

（1）延伸教学范围

事实表明，体育课堂教学毕竟是有限的，只有把体育课堂向外拓展，才是真正培养学生的体育兴趣、激发学生的体育动机、提高技能的有效途径。基于此，学校应该结合自己的实际情况，经常开展如年级联赛、俱乐部赛等丰富多样的课外竞赛活动，以便学生有选择、参与和展示自己的机会。此外，还可以通过开展一些知识竞赛，来提高学生对体育文化理论知识的理解和掌握。他们能在实践中感受到学有所用，更加懂得保护自己，更加有成就感，从而激发他们的运动热情。

（2）完善教学方法

多种教学方法并用。在过去传统的体育教学中，教学方法一成不变、单一乏味，吸引不了学生的兴趣，激发不了学生的参与热情。只有教师经常向学生提出新要求、新任务，才能不断吸引学生的练习兴趣，保持神秘感，一直牵动学生那颗好奇的心。这样一来，学生就会对所学的内容产生浓厚的兴趣，进而积极主动地参与学习过程。

用体育游戏激发学生兴趣。体育游戏的外在表现形式为游戏，但它实际上属于身体锻炼活动的一种。体育游戏也是一种有意识的、创造性的活动。体育游戏对设施要求不高，简单易行，而且难度低、趣味性强，因此适合各类身体素质的学生共同参与。体育游戏必须符合课程内容和学生的特点。高校体育教学过程中选取的游戏的动作、情节、规则和组织方法都要与大学生的身体素质和教学目标相适应。除此之外，游戏还有利于学生提升基本运动技能、提高身体素质、养成团队合作意识。

游戏的设计也应当把教学场所和教学设备等实际情况考虑进去，要从学校的实际硬件设施出发，安排一些切实可操作的游戏活动。所以，体育教师在设计游戏之初，就应该把简便性原则作为游戏选择的首要原则。既要选择那些能够提升学生运动技能、发展学生身体素质的游戏，也要选择那些能够活跃教学氛围、增强团队精神的游戏。

（3）培养学生的学习能力

终身体育思想的树立，应该同素质教育和现代体育教育结合起来，不可割裂来看。首先，体育教师应注意增强学生的体育意识、培养学生锻炼身体的习惯、增强学生体育学习的能力。其次，体育教学的方法和各个实施环节都要建立在学生综合素质提高的基础之上，体育教师要变革传统的体育教学方式和体育教学内容，发展学生的创造性思维、培养学生自主学习的教授过程。最后，“以学生为中心”，让学生当自己学习的主人，使学生养成学会学习的习惯，培养学生自我摸索、自我发展、自我形成终身体育的态度和行为。

在现代社会，只有不断创新才能吸引人们的眼球。这就要求体育教师要不断更新、与时俱进、把握时代的脉搏，丰富教学内容，采用创新的教学方法，并将之很好地融合到具体的体育教学实践当中，吸引学生参与体育活动过程，提升学生自我学习的能力。

（4）培养学生的体育兴趣

心理学认为，人力求认识某种事物或进行某种活动的心理倾向就是“兴趣”。兴趣体现在教学活动中，具体表现为学生强烈的积极性和兴奋状态，一旦教学内容吸引了学生，学生就会对学习充满兴趣，引发前所未有的求知欲，进而表现出对所学内容想要理解和掌握的强烈需求。培养身心健康的学生才是体育教学的最终宿命，因为大学生身心发展直接关系着祖国的现代化建设，直接关系着科学技术的发展，直接影响着综合国力的提升。体育锻炼之所以特殊，就是因为它需要人们亲力亲为，不可代替，而且受益最大的永远是人们自身。如果体育教师不注重对学生体育活动兴趣和锻炼的习惯的培养，那么终身体育也就如同无源之水、无本之木，遥不可及。学校体育改革应该侧重培养学生的体育能力，让学生体育在课内外有个很好的衔接过程，最终培养学生终身体育锻炼的好习惯。

培养学生的体育兴趣，可参照以下几点。

第一，树立体育重要的观点。受传统观念的影响，体育课长期得不到学校与家长的重视，甚至很多学生和教师也都觉得体育课程不重要。要使学生明确，体育的重要性如同经济、政治、军事、科技一样，都是国家、民族的综合实力的体现和主要构成部分。良好的身体是为祖国提供有用之才最基本的保障。

第二，确立教师的主导地位。体育教师在体育课程教学中占据着主导地位同时也是体育课堂的指导者。此外，体育教师作为人民教师，还应该为人师表，为学生起到表率作用，用自己特有的精神风貌去感染身边的每一个学生，让他们受到熏陶和感染。学生会因为爱上体育教师，而爱上体育课程的学习，这也是体育教师的魅力所在。

第三，让学生体验成功的快乐。“成就感”能增强人的自信和兴趣，在教学过程中，体育教师要细分教学目标，让学生尽可能通过努力便能达成目标，获得成功的体验；欣赏他们身上的每一处发光点，进而增加学生的自信心和学习体育的兴趣。

第四，通过组织竞赛激发学生的兴趣。每个学生都想获得大家的赞美和认可，都想把自己最好的一面展示在大家面前，这就需要体育教师为学生提供可以尽情展示自己的平台。在竞赛中，每个学生都有获胜的机会，每个学生都可以尽情地展示自己，每个学生都能在竞赛中获得快乐体验。

第五，鼓励大胆创新，勇于实践。“创新”是国家兴旺发达的不竭动力，是推动民族进步的灵魂，是素质教育的核心目标。因此，在教学过程中，体育教师要竭尽所能为学生创设民主和谐的良好氛围，鼓励学生敢于创新、善于创新，不断超越过去，促进学生创新精神的培养。

第六，教学方法的采用。体育教学需要场地、运动器材等，教师在安排场地、器材时要以激发学生学习兴趣、营造快乐氛围为前提，这样有利于学生更好地学习和掌握运动技能。体育教师可以在教学过程中广泛运用风趣、诙谐的语言，使学生在教学过程中得以放松和愉悦。学校体育教育为终身体育意识奠基，它能够潜移默化地影响人的一生。学生在进行体育锻炼的过程中，形成一技之长，并发展自己进行体育锻炼的积极性和主动性，为将来终身体育意识和行为的形成奠定坚实的基础。

第三章 “互联网+”环境下高校体育课堂教学模式

本章节内容为“互联网+”环境下高校体育课堂教学模式，依次介绍了高校体育教学中的环境因素、互联网与当代高校体育教学的关系论述、“互联网+”环境下创新高校体育科学化课堂教学模式三个方面的内容。

第一节 高校体育教学中的环境因素

一、高校体育教学环境的概念与特点

（一）高校体育教学环境的概念

在教学活动中，与教师教学与学生学习相关的一切内在条件与外在条件都是教学环境。教学环境是指在推动人类身体发展和心理发展的需求下组织的育人环境，是学校组织和开展不同类型的教学活动一定要具备的各类条件的总和。

教学环境的概念包括广义概念与狭义概念。从广义的层面来分析，教学环境就是作用于体育教学的所有社会环境，如社会制度、科学技术等；从狭义的层面来分析，教学环境就是组织和开展教学活动不可或缺的物质环境与心理环境，如教学设施、规章制度、师生关系等。对于组织和开展学校体育教学课来说，侧重于分析和探讨狭义层面的体育教学环境。因此，我们把体育教学环境的概念定义为：体育教学环境是指对体育“教”与“学”两方面的效果造成影响的显性教学条件和隐性教学条件以及这些条件共同构成的教学氛围。

体育教学环境的概念具有以下几个层面的含义。其一，体育教学环境是作用于体育教学的一项条件；其二，体育教学环境是形成体育教学氛围的一项条件；

其三，虽然体育教学环境的因素属于客观因素的范畴，但能够将之划分成显性因素和隐性因素。

必须要说明的是，体育教学环境包括好的和坏的。与大自然的原始环境相比，体育教学环境的形成和发展需要人工塑造与优化，只有体育教师精心创造、维护、优化，才能由此产生良好的体育教学环境。因此不难发现，深层次探究体育教学环境的概念与内涵能够更加高效地塑造与优化体育教学环境。

（二）高校体育教学环境的特点

1. 身体活动与认识活动相统一

体育教学过程中既有身体活动，又有心理活动和认识活动，学生的身心得到全面发展，这种身心一元、身心统一的实践过程，是体育教学区别于其他学科的特点之一。

2. 户外实施教学

体育教学多在室外进行，阳光充足、空气新鲜，许多自然条件本身可以作为锻炼人体的因素，更好地提高健康水平，有效地增强体质。

3. 教学组织形式变化多样

体育教学是在活动中进行的，与学生的身心发展水平有直接的关系，还受环境、场地设施等诸多因素的制约，由此决定了体育教学组织的复杂性和组织形式的多样性。

4. 培养意志品质完善自我

在体育教学中，通过竞赛可以培养学生现代社会所必需的竞争精神；通过规则的学习和运用，可以培养学生诚实、守纪律的品质；通过在运动中克服自身生理负荷和器械、环境、自然条件等带来的困难，可以培养学生吃苦耐劳、勇于拼搏的意志。同时，体育活动的交往多样性特征，可以加强人际交往，提高学生的社会交往能力。体育教学内容丰富、形式多样，使学生的思想和言行在体育教学过程中表现无遗，有利于培养学生的思想品格。可见，体育实践活动即可以使学生的身体得到全面、积极的锻炼；同时也可以使其思想、道德、意志、情感、社会交往等受到熏陶。这是体育教学区别于其他学科以智力培养为主的主要特点。

5. 受客观条件的制约性大

体育教学区别于其他学科教学的另一特点是它受到多方面客观实际情况所制约。从教学对象来看，体育教学中不仅在运动基础程度上要注意区别对待，还必须体现对学生的年龄、性别、生理和心理特点以及体质强弱等实际情况的区别对待。例如，由于身体发展的性别差异大于智力发展的性别差异，男女生在身体发育的不同时期，在身体形态、机能水平、运动素质、运动功能等方面具有明显的差异，而且男女生在运动中的心理状态也有很大的不同。因此，在教学设计、教材选择、教学组织等方面就要考虑男女生的性别差异。如果忽视了这些特点，盲目地进行教学，不仅收不到增强体质的教学效果，而且还有可能损害学生的身体健康。体育教学对客观气候条件和场地、器材设备条件的要求也较高。体育实践课大多是在室外进行的，受气候变化的影响较大，气候突变，会给体育教学带来极大不便。因此，体育教学应根据这些客观实际，从学年的教学计划到具体课时计划的教材内容和教学组织方法，都必须考虑季节气候特点进行教学，同时还要利用严寒、酷暑等条件培养青少年学生适应环境条件，增强耐寒抗暑能力。此外，在体育场地、器材设备上，要因地制宜、因陋就简地创造必要的条件上好每节体育课。

二、高校体育教学中的环境因素分析

（一）物理环境因素

1. 体育教学场所和设备

和其他学科相比，组织和开展体育教学活动的场所具备独特性特征，该场所不只教室，还有篮球场、网球场、场地周边的花草树木等。

一般来说，常规性设备与体育器材设备是体育教学设备的常见类型，前者包括图书和多媒体设备等，后者包括球类和各类健身器材等。对于体育教学活动来说，体育教学的场所和设备不但是有序开展体育教学活动的必备条件之一，而且是体育教师在最短时间内高质量完成教学目标的一项影响要素。

2. 体育教学的自然环境

学校附近的地形、草地、阳光、声音等均为体育教学的自然环境，这些自然环境能够对体育教学的教学效果产生很大的作用，因为体育教学往往会把室外场地当成开展场所。因为体育教学的自然环境瞬息万变，同时人类改变自然环境的力量相当有限，所以学校和教师应当在体育教学过程中严格遵循因地制宜的原则，采取科学的方式开发和利用现阶段体育教学的自然环境。

3. 体育教学信息

体育教学过程的实质就是不同类型的信息互相传递和接受的过程。作为参与体育教学活动的教师和学生，均有责任扮演好信息的输出源角色和接受源角色。一般来说，体育教师输出信息均为详细的体育教学知识和运动技能，这不但能加快学生学习理论知识和运动技能的实际效率，还能使学生逐步产生健康意识。

除此之外，具体到学习过程中各种形式的信息，一般学生能够利用部分手段向教师以及其他学生提供反馈信息，由此确保体育教师在最佳时间段内得到学生的反馈信息，在此基础上尽早把既定的教学安排调整至最优。

一般来说，体育教学的各环节都会涉及很多方面的信息。深入分析体育教学信息的内容可知，发挥主导性作用的内容是体育学科知识的相关信息、维持和管理体育教学秩序的相关信息。全方位探究体育教学信息传递过程可知，本体信息与反馈信息均属于比较常见的内容，本体信息就是体育教师在教学实践中传递给学生的涉及教学内容的信息；反馈信息就是能够对本体信息传递过程产生调节作用和控制作用的控制性信息。立足于体育教学信息本质的视角来分析，能够得出有效信息与干扰信息是体育教学内容的两个组成部分，有效信息对达到教学目标的信息有积极影响，干扰信息对达到教学目标的信息有消极影响或者对达到教学目标会产生干扰信息。

4. 班级规模

一个班级的学生人数就是所谓的班级规模。班级规模不但能对体育教学活动产生深远影响，还能对学生的综合成绩、学习主动性、具体情感产生深远影响。通常情况下，建议学校和教师合理调控班级规模，班级规模过大和过小都会降低教学质量和教学成效。倘若体育教学过程中的学生人数超过正常范围，不但会增加体育教师的教学难度，而且会增加体育教师在教学过程中遵循和落实因材施教原则的难度，导致无法满足学生的不同需要。

在体育教学过程中，建议学校和教师把一个班级的学生人数控制在 20~40 人。学校班级规模往往和许多项因素存在联系，所以要想尽快解决这项问题就必须在体育教学过程中开展分组教学。

5. 队列与队形

队列与队形不仅能充分体现师生之间的空间位置关系，还能直接作用于教师和学生的沟通、学生的学习积极性、学生课堂学习行为，某些情况下也会影响学生的体育课成绩。在体育教学活动的各个环节，体育教师往往能够自由选择队列队形。体育教师对队列队形进行选择和编排时，一定要参照详细的教学任务以及教学内容，一定要保证队列队形对师生的沟通和互动有积极作用。

（二）心理环境因素

在体育教学过程中，集无形特征和动态特征于一体的软环境部分就是所谓的体育教学心理环境，主要由以下几个方面组成。

1. 校风与班风

学校内部产生并形成的社会氛围，即所谓的校风。校风、教风、学风、班风、领导作风之间存在十分紧密的关系，是学校集体行为风尚的类型之一。班风是指班级全体成员在交往过程中逐步产生的具有共同性的心理倾向。班级一旦形成班风，就会在潜移默化中约束全体班级成员，使全体班级成员受到直接影响。从本质上来说，校风和班风都是具有无形性特征的环境因素，两者都能够通过包括舆论和内聚力在内的多项无形因素来作用于学生的学习态度、价值观以及具体的学习行为。由此不难得出，学校和体育教师应当高度重视校风和班风对学生产生的教育作用，全面发挥校风和班级在体育教学活动方面的积极影响。

2. 学校体育传统与风气

学校体育传统与风气具体是指学校在体育层面形成并盛行的集普遍性特征、反复性特征、稳定性特征于一体的集体行为风尚。

良好的学校体育传统和风气会在潜移默化中影响学生，常见影响是推动学生逐步产生积极向上的体育态度、学习兴趣以及良好的体育锻炼习惯，由此使学生的体育文化素质得到大幅度提升。建设学校体育传统和风气的心理过程往往会涉及很多方面的因素且有很大难度，不但要求教师选用的方式方法达到多元化要求，而且要求教育者分配很多时间和精力完成设计工作与管理工作。

高校体育教学的众多实践活动都表明，学校体育传统和风气的形成过程由孕育阶段、整合阶段、内化阶段、成熟阶段组成。一般来说，整个形成过程也是多数成员被动接受或者半被动接受体育行为规范逐步过渡到所有成员积极接受体育意识和行为的变化过程。学校体育传统和风气一旦形成，就会对学生的体育行为产生无形约束，对学生群体产生正面的心理控制作用。

3. 体育课堂心理气氛

班集体形成的发挥主导性作用的态度和情感的综合状态，即体育课堂心理气氛。教师和学生的心境、态度、情绪波动等均为体育课堂心理气氛，积极的、消极的、对抗的心理气氛是体育课堂心理气氛的主要类型。体育课堂心理气氛会随着时间的推移逐步发展和形成，会逐步过渡到稳定状态。

多数学生对教学目标与教学任务的认同，对体育教师提出的详细要求、对工作作风和工作状态的满意状态、师生之间以及学生之间的实际关系，都会对体育课堂心理气氛产生很大作用。积极向上的体育课堂心理气氛能够大大增加教师和学生之间的信息交流以及情感交流，能够在很大程度上刺激并调动学生的学习动力，对学生逐步具备挑战自我的勇气和智慧产生积极影响。

4. 体育教学中的人际关系

人际关系就是人们在社会交往中产生的心理关系。具体到体育教学实践中比较常见的人际关系是师生关系、学生与学生的关系，这两类关系共同构建出了体育教学过程中人际互动的整个过程，不但会直接作用于教学氛围、体育教学反馈以及学生参与体育教学的积极性和热情，而且会作用于体育教学的实际成效。

与一般教学中的人际关系相比，体育教学实践中的人际关系表现得更复杂和直接，具有显著的实践性特征。产生这些差异的原因是教师环节的限制已经被体育教学突破，这极大地拉近了师生之间的距离以及学生之间的距离，使这两种关系朝着更加紧密、更加自由的方向发展。除此之外，体育活动中的团队协作发挥着至关重要的作用，将教师和学生之间以及学生和学生之间的相互协作摆在了尤为重要的位置上，不仅能促使体育教学人际关系更加和谐，还能使学生的社会交往能力大大增强。

5. 体育课堂常规

体育课堂常规是指体育教学实践中为完成课堂任务向教师和学生提出两者都需要达到的要求。例如，体育课对教师服装与学生服装提出的要求，体育课开始时师生相互问好等。虽然从表面上看体育课堂常规的作用很小，但却能够产生深远的教育意义，能够对教师和学生的课堂行为产生很大的约束力。

三、当前我国高校体育教学环境的现状

（一）高校体育设施、场地建设情况

由于体育运动本身就具有很强的户外性，各项体育设施、场地的完善程度直接影响着体育教学质量的好坏，关乎学生对体育的认知程度以及兴趣培养，所对于高校体育教学来说，齐全的体育硬件设施和宽阔的场地是保障体育教学活动得以顺利开展的基本条件。就当前我国高校体育设施及场地的建设情况来看总体较为乐观，但仍存在一些问题亟须解决。主要表现为，本科院校由于办学时间较长，无论在国家财力、物力、人力的投入方面还是生源方面较普通高校都具有一定的优势，并且经过近年来对体育设施、场地的不断翻修和维护，使当前本科院校的体育设施、场地建设较为完整。与本科院校相比，高职院校无论在体育设施的更新换代方面还是场地建设方面都较为落后，存在参差不全的不良现象，这种现象是由多方原因造成的，不仅包括资金投入不足、学校领导不重视还包括不能对体育教学进行准确定位。

（二）学生的体育价值观情况

要想使学生对体育教学有更加理性和深刻的认识，就应当对体育的价值以及功能在体育教学中对学生进行全面的讲解，使学生真正认识到体育学习的奥妙之处，只有如此学生才能从心理上更加重视体育这门学科，才能以积极主动的心态

参与到体育教学当中。当前在体育价值观教育方面本科院校相比较专科院校重视程度较高，这主要是由于专科院校的学生受当今激烈的就业压力影响，为在毕业后谋求到一份理想的工作，而将自身过多的精力都用在了专业技能的学习上，进而逐渐忽略了自身的体育学习，这种情况下即便学校的体育设施建设再完善也难以调动学生的体育学习积极性。

第二节　互联网与当代高校体育教学的关系论述

一、探讨“互联网 +”背景下的高校教育

（一）“互联网 +”高校教育的关系特性

“互联网 +”时代下，高等教育的特性就是具有显著的定制化教学的趋势。自互联网等技术发展和应用以来，“互联网 +”已经成为当今重要的社会发展形态，使高校教育教学改革有了新的方向和机遇，传统的教育和教学模式正在被逐步颠覆。“定制化”就是高校教学在“互联网 +”发展潮流之下的生产范式，其核心在于对个体需求的强调，这也是现阶段高校教学改革的重要趋势和必要路径。相比基础教育，高等教育更强调学生个体的需求和发展，所以，“互联网 +”定制化教学与高校教学改革有着密切的联系。

定制化教学是一种以包括大数据技术、物联网、云计算、安全存储、人工智能、量化自我、学习分析技术及脑科学等在内的现代信息技术与互联网络技术为基础的，为学习者提供自适应的教学路径与个性化的教学内容的新型教学模式，能够促使学习者更加直观和深刻地体会到自己的发展，以及找到自己的发展方向。

定制化教学不是也不可能是现行教学模式的代替者，而是作为辅助角色，借助信息技术对学习者的个性特征进行了解和分析，展开个性化的教学设计，为教师提供思路，促使他们进行个性化和有重点的教学与辅导，进而促使学习者能够更加深入地参与到教学过程，获得更好的教学效果。定制化教学模式与现行的教学模式有机结合成为一体，作为“互联网 +”背景下的新型教学模式存在。定制

化教学更加关注学习者的个体特征，如个性倾向、兴趣、知识结构、认知框架、能力结构、思维特征等，并以此为出发点进行教学设计和教学活动安排，也就是说，定制化教学模式之下，学习者能够获得最适合自己的教学，激发出较高的学习热情和主动性，进而以更强的学习动机进行学习，并获得较高的自我效能感。此外，定制化教学也十分重视学习者的天赋和潜能，能够基于此设计个性化的发展方向和教学目标，能够促进学习者天赋和潜力的发展。

（二）“互联网 +”高校教育的发展趋势

1. 高等教育的开放程度更大

在“互联网 +”的背景下，高等教育得以突破时空限制，以及单一教学方式的制约，实现了对以往的高校之间独立运行机制的颠覆。借助网络技术在集成和共享资源、优秀的交互性以及能够进行多重任务等方面的优势开展教学活动，高等教育朝着信息化的方向飞速发展，使教学形态得以重塑，推动了高等教育的特点实现正相关性增长。以“翻转课堂”为例，这种网络教学工具，使高等教育不再被局限在某个现实场地，而是使教学场所拓展到了网络空间，也使高校教育教学获得了发展的更多可能和空间，让教学的主动权逐渐转移到学生，学生可以基于自身需求选择学习内容和方式。并且，高等教育制度改革的不断深化也促进了其开放化。2016 年底颁布的《普通高等学校学生管理规定》（教育部 41 号令）第十六条明确指出：学生根据学校有关规定，可以申请辅修校内其他专业或者选修其他专业课程；可以申请跨校辅修专业或者修读课程，参加学校认可的开放式网络课程学习。学生修读的课程成绩（学分），学校审核同意后，予以承认[①]。由此可见，“互联网 +”下的高等教育，更加强调和尊重学生的主体地位，开放程度越来越高。

2. 高等教育知识传授的物理空间将逐渐弱化

未来的高等教育，关于上大学的时间、地点和模式将更为自由。也就是说，在哪学、怎么学已经变得不再重要。在当前这个信息时代，各种新的技术不断涌现，各行各业与互联网融合得更加深入，都希望借助“互联网 +”的东风找到新

① 教育部发布 . 普通高等学校学生管理规定 [R/OL]（2017-02-04）[2022-10-15].

的发展机遇和道路，教育行业同样如此。过去学生学习资源基本就是教材、教辅和其他课外书，如今学生可以在网上找到更为丰富多样的视频、图片、文字等形式的学习资源，获得多样化定制化的教学服务。教学中，传统课堂不再是知识讲授的唯一和最佳场所，微课等网课平台系统在部分理论课程教学上有着出色表现。并且，学生能够利用互联网能够选择基于自身情况设计的学习计划，让因材施教和个性化教学得以真正实现。

如今，部分高校会对每一届大一新生开展如职业生涯规划测试等活动，帮助学生找到适合自己的职业发展道路，并按照就业、创业、升学三种路径培养学生。在教学活动中，根据学生的未来发展倾向，针对性地开展课程设置以及社会实践安排等。然而，因为传统课堂师资、场地、时间等的影响，当前难以较好地实行分类培养，更何论收获理想的分类培养效果。“互联网 +”的课程模式，让微课等具有分类别、多层次、理论与实践并重特点的授课方式受到师生和社会的认可与接受。通过互联网，学生能够脱离传统课堂限制，在任意时间和地点，学习教学资源，以及和教师沟通。互联网教育模式不断深化发展，大学学历认证之外的培养途径将会更加完善和发展，将会成为学生拥有更多选择权进行学习和实践计划以及发展计划定制的训练营，促使学生全面发展和能力发展，实现“混搭 + 定制”“线上知识学习 + 校园实操体验”的新型高等教育模式。

3. 高等教育育人和服务功能凸显

传统的高等教育当更加重视管理功能，而忽视服务功能，对于所有的学生，都采取统一的课程设置和思想教育，无视其个性特征和未来规划。党的十八大以来，建设“双一流”成为现代高等教育的新目标，因此，高等教育改革必须遵循人才培养的无定性规律。“互联网 +”背景之下，高等教育当中出现了新的学校、教师、学生关系。高校应当积极革新办学理念，并基于此对新型人才培养模式进行创建，使之呈现出开放性和共享性，这是一项长期性与阶段性、单一性与复杂性并存的工程。高校应当对学生的不同需求进行分析，基于此创新“菜单式”针对性服务，使学生自己进行课堂、时间和教师的选择。教师也应当按照学生的需求，对课程内容，以及上课的时间、地点进行选择，理论联系实际地进行教学，为学生的社会实践活动提供指导，帮助他们实现理论到实践的转化。当然，无论教学模式怎么变革，始终不变的是高校教育工作者要始终坚持立德树人这一核心，始终坚持因事而化、因时而进、因势而新的原则，引领学生朝着正确的方向前进，始终坚持以学生为教学和育人的重心，突出育人职能和服务职能，促进学生的全面发展和身心协调发展。

二、互联网与高校体育教学

（一）互联网融入体育教学的背景

2015 年国务院印发了《国务院关于积极推进“互联网 +”行动的指导意见》，标志着“互联网 +”已经上升为国家战略，成为推动社会经济发展的重要力量之一。从 2010 年比尔·盖茨在世界经济合作与发展论坛中关于互联网教育的预言到“互联网 +”行动计划，到今天互联网和各个行业的深入融合，“互联网 +”已经席卷了贸易、金融、物流、医疗等领域，并在其中发挥着越发不可忽视、不可替代的重要作用。

体育科技不断革新和发展，伴随着在可穿戴技术和生物识别技术、动作捕捉、专业计算机、人体生理学、体育统计学和专业体育研究领域的突破，“互联网 + 体育”在体育技战术训练、体育教研、全民健身、体育产业等体育领域得以广泛应用。

体育教育在体育和教育两个领域当中都是重要的一部分。体育教育在长时间的实践当中已经逐渐有了独特的教育模式，其中包括教学对象、教材、教学过程以及教学方法体系，对一定的教学理念与教学规律进行了充分的反映。并且随着当今互联网信息技术的发展，以及与教育的深度融合，体育教育的传统模式被改变，在“互联网＋”的助力下，体育教学将会持续深化改革与良性发展。

（二）高校体育教学应用互联网的必要性

1. 促进大学生个性化发展

单一的、无差别的体育教学模式已经难以适应当前学生的个性化发展，对学生体育学习的热情和主动性形成了伤害。将互联网应用于高校体育教学能够实现对学生的身体条件、爱好、技能等进行综合分析，安排合适的运动项目作为教学内容，实现针对性教学。此外，学生还能够对学习方法等进行自主安排，可见这有助于促进大学生个性化发展。

2. 可延伸体育课堂教学

社会经济日新月异，知识和技能更新速度变快，体育教学基于此也更加关注体育知识和技能怎么适应学生终身发展需求。所以，高校体育教学不能仅仅局限于课堂，要不断更新和扩展教学内容，利用互联网，寻求发展空间。与此同时，在线体育培训课程应运而生，能够为学生和社团提供体育锻炼方式的定制服务，高校学生也能够利用互联网信息技术等先进技术和学习资源开展学习。在线体育教学实现了对传统课堂教学的延伸，最大程度地发挥在线教育优势。

3. 为高校体育发展作出贡献

移动信息技术持续革新，为交互式学习平台系统提供了技术基础支持，同时也使高校学生能够通过更多途径和学习资源进行学习和交流。在当前的高校体育教学当中，教师能够应用丰富多样的多媒体教学技术和互联网教学方式等，构建出和谐、轻松的体育学习环境，提升学生进行网络体育学习的热情、积极性和自主性，形成良好的师生、生生互动关系。在课堂教学当中，师生之间、生生之间的沟通和互动主要是围绕着运动技能的教学和训练当中，一般来说，沟通比较少，师生和生生之间较为陌生。在课下时间，教师借助在线教学平台或者微信等和学生进行交流和互动，有助于学生增强对理论知识的了解，也能够在课下自主练习运动技能，以及随时向教师提问，这有助于培养学生体育兴趣，优化高校体育教学效果。

4. 促进高校体育教学模式的创新

教育理论和教学观念不断发展，在教学中，大学生需要摒弃被动的知识接受者的角色，秉持创新理念，积极推动互联网在高校体育教育中的应用，探索其实践路径。高校体育除了进行体育知识和运动技能的教学之外，更重视吃苦耐劳、不惧挑战、勇往直前等体育精神和道德意志的培养，认清培养目标，重视教学观念和方法的革新，鼓励师生积极参与到高校体育课堂教学的创新当中，对教学内容、技术等进行调整和优化，借助网络平台，推进高校体育教学模式的创新。

（三）“互联网 +”在高校体育教学中的应用现状

“互联网 +”在教育领域已经不再是一个陌生的发展概念，各高校都在积极地将“互联网 +”与教学改革相结合，积极发挥互联网等技术的优势。通过“互联网 +”，高校体育教学能够有效拓宽信息获取渠道，对体育教学资源进行搜集和整合。在传统教学中，体育教师在采取示范法的时候，难以对较难的运动技能进行全面和细节的讲解和示范，难以使所有学生多方面地学习自己示范的动作，教学效率和效果都有很大的进步空间。应用“互联网 +”，教师可以将文字、图片、视频等多媒体的教学资源上传到网络教学平台中，通过这些丰富教学资源，学生能够对教学内容进行反复学习，并和同学、教师随时交流，创造出活跃、积极的学习环境，有助于提升学生学习效率。我国高校发展水平不一，有的高校不具备足够的体育教学资源，如教学场地和器材老旧等，这就阻碍了体育教学活动的开展，以及学生学习效果的强化。“互联网 +”教学模式之下，学生能够通过互联网等获取多样化的体育知识，能够获取更多学习资源，激发体育锻炼的兴趣，有助于增强学生体质和运动素质。

当然，将“互联网 +”应用于高校体育教学的过程中也存在一些问题。

（1）教学内容和形式较为单一，难以激发学生学习兴趣。一般来说，网络化教学是根据一定的教育网络进行在线教学，但是当前的高校体育教学不具备完善的教学网络，其网页内容不够丰富，没有强有力的远程教育、网络教育等平台，难以发挥“互联网 +”的最大作用。

（2）教学资源不够充足。在高校体育教学实际当中，部分教师没有重视对网络教学资源的充分挖掘和利用，没有对教学资源进行及时的扩展和更新。

（3）互联网设备覆盖度不够，部分高校的软硬件设备有限，或者较为老旧，难以跟上信息技术发展水平，无法实现出良好的教学效果，不利于高校体育教学的与时俱进。

（四）互联网应用于高校体育教学中的实施策略

1. 注重互联网教学技术的推广研究

信息化技术带来的第三次科技革命仍旧如火如荼，高校教育领域持续出现新技术、新设备等，体育教学和训练当中也引入了诸多新技术、新设备，科研人员应当重视新技术的引入和应用，向师生传授新技术、新设备的使用方法，以便更好地应用于体育教学和训练，使互联网教学技术的教学作用得以最大化。除此之外，高校体育教研和科研机构应积极采取在线培训和在线会议的方式，对高校教师进行体育教学新技术的应用途径的讨论、新器材的开发、网络教学技术的培训、网络应用便利化、计算机应用实时化、体育教学方法的设计等方面的培训。借此，教师能够不断发展自身的互联网教学技术水平，掌握新的教学方法，进而将这些方法和技术用于体育教学实践，促进高校体育教学活动的顺利开展。

2. 提高互联网教学资源质量

尽管互联网上存在海量的、多样的体育教学资源，但是这些教学资源良莠不齐，整体质量难以满足教学要求，也因此导致了高校体育教学效果不佳。所以，高校体育教学工作者应当对网络体育教学资源进行筛选，或者自己制作网络体育教学资源，提升其质量，使之更好地应用于体育教学。对于网络体育教学资源要坚持“务实发展、多渠道筛选”。欧美国家，高校将课程教学软件的开发委托给专业公司，由学科教师和技术人员共同进行课程设计、教学设计，从而极大地改善了网络教学资源的质量。我国的高校体育“互联网＋”教学也应当学习国外高校的成果经验，借助市场机制和社会力量，提升互联网教学优质资源的数量。

3. 建立健全课程体系数据库

在优质的网络体育教学资源的基础上，高校体育教育工作者，应当加强高校体育网络课程设计，建立完善的网络教学模块。坚持“自主学习、协同进步”的原则，对课程进行统一规范，对课程目标、教学内容以及方法等做出规范。例如，健美操课程，其教学目标在于通过技能学习培养终身体育观念。教学内容包括理论和技能两部分，理论内容为健美操专业知识、历史渊源等，实践内容为一般体能训练和健美操专业技术训练。与此同时，还应当保证教师自身的技能水平和理论知识素养，以及互联网教学技术，教师应不断充实自己、自我提升，参与专业技能培训，学习互联网操作技能和互联网教学技术。高校也应当组建专业的网络体育课程研发队伍，创建网络体育课程评价体系，促进师生交流，帮助教师掌握学生情况，调整教学计划，进而达成良好的教学效果，提升大学生的体育知识、身体素质和运动技能。

4. 理论联系实践

高等教育改革不断深化，呈现出了越发明显的多元化的方向，高校体育也需要对这种形势进行适应，理论联系实践地开展高校体育教学。一般而言，高校体育理论包括大学体育概论、各个体育项目的理论与源流、体育与身体健康教育、体育与运动保健、运动损伤及康复等方面，主要是为了促使大学生对体育有一个基础的了解，对其发展、构成和作用进行了解，从而认清高校体育的地位和意义，帮助大学生学会科学的锻炼方法，养成体育锻炼习惯，以及健康的体质和心理。实践课的教学目标与此相同，教师应当事前录制教学微视频，提供给学生，使学生自觉、自主预习，这样学生通过学习微视频，就可以了解实践课的教学内容，学习动作要素，在课堂上就能够更快地掌握，或者在课下复习微视频，巩固学会的动作和技能。

5. 注重考核方法的创新

互联网已经融入人们生活的方方面面，教师必须顺应时代和技术的发展，不断对教学过程进行创新，以便充分发挥互联网的作用，获得理想的教学效果。高校体育教师在对教学过程进行创新的时候，要着重对教学过程中的数据信息进行整合分析，对互联网教学资源进行整合分析，采用多媒体的教学方法。这样不仅能够为学生提供更加丰富多样的教学资源和体育信息，也可以借助互联网对学生的体育锻炼情况进行了解。在对考核评价进行创新的时候，要引导学生对目前的考核评价机制有所了解，认清其中的不合理之处，改变只追求达标的观念，而引导他们树立终身体育观念。这也说明了强化高校体育改革，进行教学模式的创新，必须重视评价过程的创新，教师不能仅仅重视成绩的评价，更加重视学生的体育学习态度，在教学中采取多种评价角度和方法，使学生体会体育的真谛，并积极进行体育活动。

第三节 “互联网+”环境下创新高校体育科学化课堂教学模式

一、体育教学模式基础内容

（一）体育教学模式的概念

以某种教学思想为指导，基于大量的教学实践经验，完成特定的教学目标和内容，形成颇具稳定性的教学结构理论模型和实践活动方式就是体育教学模式。

教学模式和计划不同，计划通常情况下都比较具体和具有较强的操作性，缺少理论色彩。教学模式是各种类型教学活动的一种基本结构或框架，是建立于一定教学思想和理论的指导下的，是一种策略体系。

教学模式的重要特点是表述教学流程，将教学程序、教学手段、教学组织形式合为一体，教师明确做什么和怎么做，将抽象的理论转化为具体的操作流程，教学模式对规划、调节、评价教学活动的一整套教学方法理论体系进行了体现，是教学理论和教学实践相互联系并相互转换的媒介。

体育教学模式是一种体育教学程序，基于某种体育教学思想和理论，包含相对稳定的教学过程结构和相应的教学方法体系，可以构建出多种体育教学模式。不同的体育教学模式之下有着差异化的教学过程结构，有着各自的教学过程和相应的教学方法，这主要体现在体育教学单元和教学课的设计和实施上。构建发现式教学模式，重点对学生发现问题和解决问题的能力进行培养和提升，在这一思想指导下，教学模式的性质、特点和效果评价被明确和决定。体育教学模式由三个基本要素构成，即教学指导思想、教学过程结构和相应的教法体系。体育教学指导思想发挥着重要指导作用，发展学生认知能力，体现了教学模式的理论性。

根据这个思想建立具有让学生发现和解决问题的教学过程结构，为教学模式的建立提供了支撑，体现出教学模式的稳定性；而建立的教学方法体系对整个教学过程进行了填充，体现出体育教学模式的直观性和可操作性。

设定问题—提出假设—验证学习—集体讨论—提出答案，这个过程是单元的过程，需要用教法丰富整个教学过程，可以通过设问、组织学生进行验证问题、组织学生讨论的方法等。

（二）体育教学模式的特点

1. 可操作性

体育教学模式的可操作性主要包括两个方面的内容。

一方面，体育教学模式易被教师模仿。究其原因，主要是由于教学模式不仅是教学理论的操作化，同时还是教学实践的概括化。体育教学活动在时间上的开展以及每一教学步骤的具体做法都需要教学模式提供相应的逻辑结构与思维，也就是所说的操作程序。这样，教师在教学中应该先做什么，再做什么，最后做什么，就非常条理，可操作性较强。

另一方面，体育教学模式的操作程序是处于基本稳定状态的，究其原因，主要是因为体育教学活动的特殊性、复杂性。

从总体上看，教学是按照提出教学要求—组织学生自学—师生讨论启发—开展实践运用—及时做出评价—系统总结这样的程序进行的；运动技能类教学模式是按照教师的示范讲解—动作分解教学—学生初步练习—纠正错误动作—再次练习—动作部分的结合练习—纠正错误动作—完整动作练习—强化练习、过渡练习—掌握动作这样的程序进行的。需要强调的是，教学程序是不可逆转的，但是，其中某些步骤可以以教学实际情况为主要依据进行压缩、省略和重叠。这就充分体现了体育教学模式具有可操作性的特征。

尽管体育教学模式具有较强的针对性，但在不同条件与环境下开展体育教学，产生的体育教学模式也表现出一定的差异性，也会因不同的教学指导思想和理论而表现出一定的差异性。但是一旦确立了体育教学模式，就可以代表一定的教学思想和理念，也就表明某一特定的条件下的具体操作的稳定性和可模仿性，具有相同的理念和外在条件，便可以轻易地被体育教师所模仿，这就是体育教学模式的稳定性特点。需要注意的是，随着时代的变迁，指导思想与外在条件等也会发生质的变化，这就要求适当调整和变更体育教学模式，也就是说，体育模式具有的只是相对稳定性，不是绝对稳定的。

2. 简洁概括性

体育教学模式并非“复写”体育教学活动，而是在能将自己个性充分显示出来的基础上，将教学目标、教学方法、组织形式等开展某一教学活动的不重要因素省去，从理论高度简明系统地将模式自身反映出来。由此可以看出，它是对某一理论的浓缩，对实践的精简，表现出一定的简洁性与概括性。一定的体育教学模式能够将特定的体育教学思想充分反映出来，而且也在一定程度上简化教学模式的各环节，通过教学程序的方式将其展现出来，因此，充分体现出了体育教学模式显著的简洁概括性特征。

教学模式的概括性主要在教学模式的表现形式、表现内容和表现种类等方面得到体现。具体来说，每一个方面的概括性都有着不同的特点，具体如下。

（1）表现形式的概括性，就是用较少的笔墨、少许的线条、符号或图表就能够将整个教学模式大致反映出来。

（2）表现内容的概括性，就是浓缩、提炼单元体育教学活动的理论或实践。

（3）表现种类的概括性，就是把具有共同特征的模式归结为一类，从而达到将某一体育教学模式的教学目标更明确地表达出来的目的，也可以在体育教学实践中使体育教师对体育教学模式有更加明了的理解与选择，从而使对多种体育教学模式产生相互混淆的现象得到有效避免。

3. 针对性

无论何种体育教学模式，其建立都是针对体育教学实践过程中的某个具体问题或问题的某一方面而进行的，针对体育教学内容、体育教学对象、体育教学环境等不同要素所形成的体育教学模式是有很大区别的。从这一点来看，体育教学模式有其特定的教学目标和使用范围，是不能包罗万象的。比如，情景教学模式是针对小学生理解能力较差、体育基础不够，而以体育故事形式把各种简单的体育活动动作组合起来进行教学的，因此，这种教学形式对于中学高年级的学生是不适合的；又如，快乐体育教学模式是与传统体育教学中的强制性教学相对立的，学生在强制性体育教学中是体验不到快乐的，所以设计了快乐体育教学模式。因此这种教学模式对于学练一些简单的体育活动动作是较为适合的，而对于体育复杂动作的教学则是不适合的。由此可以看出，普遍有效的可能模式或者最优的模式是不存在的。然而教学模式与目标往往是一对多或多对一的关系，而绝非一对一的关系。

通常来说，一种模式的目标是多种多样的，而多样化目标又可以进行主、次的划分，其中主要的目标不仅是此模式与彼模式相区别的主要特征之一，同时也是人们有针对性地选用模式的一个重要依据。比如，启发式教学模式与快乐体育教学模式中都有发展学生技能、运动参与、情感方面等目标，但是，这些方面的主要目标并不是一样的，而是有一定差异性的。具体来说，开启学生的学习智力，使学生的运动思维得到有效的发展，从而对运动技能的学习与掌握产生积极有利的影响，是启发式教学模式的主要目标；而使学生在学练一些较为简单的体育活动动作中体验运动的乐趣，并创造性地组合一些简单的动作，体验运动成功的感觉，使其自信心有所增强，则是快乐体育教学模式的主要教学目标。

4. 优效性

体育教学模式的建立是需要有一定的理论基础作为基础条件的。一定的理论基础是建立体育教学模式的基础条件，但同时，体育教学模式的构建与完善需要体育教学实践的不断修正与补充。所以，推动体育教学质量的提高，逐步改进体育教学过程，不断更新与完善体育教学的各个环节，避免教学资源的浪费与缺失，是完善体育教学模式的主要着眼点。从这一角度上来说，体育教学模式充分体现了其显著的优效性特点。

5. 整体性

体育教学模式对体育教学的处理是从整体上进行的，具体来说，它不仅要明确规定教学活动中的教学主体（体育教师与学生）、教学客体（教学目标、教学内容等）等主要因素的地位与作用，而且还要对教学物质条件、组织形式、时空条件、师生互动关系或生生合作关系等影响体育教学活动并在教学活动中起重要作用的其他因素进行相应的说明。由此可以看出，这几乎把体育教学论体系中的基本内容都涵盖了，由此人们也把体育教学模式叫作“体育微型教学论”。体育教学模式的整体性特征要求人们在对体育教学模式做出正确的认识及运用时，一定要将体育教师的教学风格、学生的年龄特点、体育基础特点、课程内容特点等体育教学模式的主要要素整体全面地确定下来并熟练把握。除此之外，教学场地条件、环境条件、教学班级人数、气候特点等一些次要要素也要列入考虑的范围，同时还要清楚地认识到它们之间的相互关系，对各环节的相互配合、相互衔接也要引起足够的重视，从而使教学模式成为系统的教学程序。这种多部分、多要素、多环节的有机组合将体育教学整体性充分体现了出来，同时也对体育教学模式并非多环节、多要素的简单堆积进行了说明，因此，可以说，体育教学模式是具有一定科学性的。

（三）体育教学模式的理论基础

1. 现代体育课程论

教学是课程的构成部分，因此，教学模式需建立于一定的课程理论之上。现代体育课程理论基础主要包括以下几点。

（1）体育课程目标多元化。体育课程的目标不是唯一的，除了其首要目标，即增强学生身体素质、提高学生健康水平之外，还有强化学生体育文化素养、发展学生个性和创造力等目标，也需要基于课程内容，将德育融入体育教学过程，实现一定的德育目标。事实上，在高校体育课程当中，不仅要传授学生体育知识和运动技能，也需帮助其养成体育兴趣、习惯和观念，促使其终身体育活动能够顺利进行。

（2）课程内容注重学生需求。如今，对于体育，学生的需求越发多元化。体育课程内容也需要重视学生需求，以便提升学生兴趣，进而形成体育习惯以及意识，从而实现终身体育。其一在于加强终身体育相关的体育知识的教学，如体育基础知识、保健知识、身体锻炼与评价知识等；其二在于加强竞技运动项目的教材化。

自 20 世纪 60 年代至今，体育课程理论的发展中有两次世界性的变革，分别是学科中心课程论、人本主义课程观。学科中心课程论对我国体育课程有着重要影响，深刻影响了体质、技能、技术教育思想，并且持续影响着体育课程的改革。随着体育课程理论的不断发展，体育教学模式也经历了多重演变，逐渐形成了一种新型体育教学模式。下面将从三方面进行介绍。（1）新型体育教学模式的目标取向。课程目标对于教学目标有着深刻影响，有了课程目标的创新才会有教学目标的创新。在体育课程目标多元化的趋势之下，新型体育教学模式的目标也十分多元，包括运动技能、态度、能力、个性等目标。（2）新型体育教学模式的价值取向。强调促进学生全面发展，促进学生个性发展，并使两种发展相统一。不管是体育教育教学对学生的发展，还是学生的自我发展，都需要进行体育学习。（3）新型体育教学模式的教学设计思想。课程的问题中心设计模式是新型体育教学模式设计的模式基础。问题来源于学生的发展需要和教学内容的需要。在教学设计中，要重视学习者的独立性和主体性，使之参与教学，在解决问题的过程中，实现对学科内容的理解和掌握。

2. 现代教学理论

教学论流派众多，包括探究发现教学理论、情意交往教学理论、认知教学理论、建构教学理论等。下面简要列举一些对建构新型体育教学模式有支撑作用的观点。建构主义教学观主张，教学的目标在于对学生的主动性、自主性和创新性的充分发展，其教学目标之一就是帮助学生具有“能够在现实的生活世界中应用知识的能力”。用通俗的话说，就是学会学习，并能调控自己的学习。

不同于过去的教学论，建构主义教学论特别强调了三方面的重心转移：从关注外部输入到关注内部生成，从“个体户”式学习到“社会化”的学习，从“去情境”学习到情景化的学习。

综合不同教学论流派的观点，可以发现一个共同点，即重视“主体性”。其中，学生的自主性主要指学生的自我意识与自我能力，包括学生的自尊、自爱、自信、自决、符合实际的自我判断、积极的自我体验和主动的自我调控等。创造性是学生在主动性和自主性发展到高级阶段的表现，它包括创造的意识、创造的思维和动手实践的能力。教师的教与学生的学的相对的，前者为外因，后者为内因，外因通过内因起作用。教学中需要正确对待学生之间的差异，才可以实现对每个学生合适的教育，从而发挥学生的主体性。

（四）体育教学模式的结构

体育教学模式的结构主要包括教学思想、教学目标、操作程序、实现条件以及评价方式等，具体内容如下。

1. 教学思想

教学思想是体育教学模式的灵魂，构建一定的体育教学模式必须有相应的教学思想作为基本理论和思想基础。也就是说，要想建立体育教学模式，就需要有一定的理论知识对其进行指导，在不同理论指导下所建立起来的体育教学模式是有所差异的。例如，我国在 20 世纪 80 年代所建立起来的愉快教育与日本的快乐体育，这两种教学模式都是根据当时学生学习的具体需求构建的，能够促进学生参与学习活动的积极性和主动性的充分调动，并能够通过体育教育养成终身体育的习惯。

2. 教学目标

在体育教学过程中，建立体育教学模式的目的在于更好地实现体育教学目标。基于体育教学目标，体育教学模式才有了存在的必要和价值。“体育教学模式所能够达到的教学效果是体育教师对某项教学活动在学生身上将产生的效果所作出的预先估计。”[①] 体育教学目标是具体化了的体育教学主题的表现，体育教学模式要以教学目标为核心，教学目标能够制约体育教学模式的其他结构要素。

3. 操作程序

教学活动中的教学环节或步骤就是所谓的操作程序。操作程序就是进行体育教学活动时按照时间顺序进行的逻辑步骤以及各逻辑步骤的具体做法等。无论哪种体育教学模式，其操作程序都是独特的，与其他教学模式不同。操作程序并不是一成不变的，但它一定是基本的和相对稳定的。

4. 实现条件

实现条件指的是，实行体育教学模式所使用的策略和手段，是操作程序的补充说明，可以帮助教师对科学的、合适的教学方法的策略进行选择。人力条件、物力条件和动力条件三个方面是体育教学模式中实现条件的主要内容。具体就是体育教师与学生、体育教学内容与时空，以及学校的基础设施等。

5. 评价方式

每一个体育教学模式，都有其各自的体育教学目标，以及不同的教学程序和条件。所以每一个体育教学模式都有着相对应的、差异的评价标准和评价方式。

① 龚坚 . 现代体育教学论 [M]. 重庆：西南师范大学出版社，2009.

每一种教学模式的评价标准和评价方法都是特定的，如果使用统一的标准进行评价，就会使评价不具备科学性，评价结果失去说服力。例如，与标准化评价相比，群体合作教学模式的评价标准是采用计算个人和小组合计总分的评价方式。

二、高校体育科学化课堂教学模式的创新

（一）高校体育科学化课堂教学模式构建的参考依据

高校体育科学化课堂教学模式的构建主要把握以下几个参考依据。

1. 参考体育教材性质

体育教学以教材为基本工具，体育教师教学、学生学习都要借助教材这一基本教学工具。体育教材也是体育教师与学生共同完成体育教学目标的内容载体。通常把体育教材分为概括性教材与分析性教材两大类，这主要是以体育教材内容的性质为依据划分的，具体分析如下。

（1）概括性教材：这一类教材中没有较难学习的运动技术需要学生掌握，对概括性教材进行讲解的主要目的是使学生对体育项目有简单的了解、培养学生体育学习的兴趣、促进学生的身心健康。学生在学习该类教材时主要注重体验乐趣，获取快乐，所以要构建并选用快乐式教学模式、情景式教学模式以及成功教学模式进行教学。

（2）分析性教材：这一类教材中的运动技术具有一定的难度，对这类教材进行讲解的主要目的是提高学生的自主学习能力与创新能力，促进学生体育知识与技能的增长，学生在学习该类教材时注重培养学习与创造力，所以要选择构建主动性体育教学模式、发现式教学模式以及领会式体育教学模式等进行教学。

2. 参考体育教学目标

建立和实行体育教学模式的关键在于教学目标，体育教学模式需要体育教学思想与目标提供活力、指明方向。体育教学思想与目标也是区分教学模式的一个标准。体育教学目标在新课程改革之后有所变化，主要涵盖了以下四个方面。

（1）提高学生运动参与能力与积极性的目标。

（2）促进学生身心健康的目标。

（3）促进学生正确掌握运动技能的目标。

（4）增强学生社会适应能力的目标。

基于以上体育教学目标，体育教学适合建立和实行情景体育教学模式、探究体育教学模式以及成功式教学模式等。

3. 参考体育教学对象

体育教学活动离不开学生这一教学主体，体育教学活动中，学生也是其中非常重要的一个组成部分，所以要针对不同学生的具体情况与特点来对教学模式进行构建。学生的学习阶段按年龄大致可以分为小学、中学、大学三个时期。不同学习时期，学生的身体与心理情况是有明显不同的，所以体育教学模式的构建要考虑到不同学习阶段的学生的具体情况。

学生在大学时期，主要是接受专项体育运动教学训练，因此适合这一时期的体育教学模式包括技能性体育教学模式，并且也需要体能性体育教学模式的辅助作用，所以对这两种教学模式的构建极其重要。

4. 参考体育教学条件

体育教学模式不同，其相应的教学条件也存在不同。各个地区以及各个学校在体育教学条件上存在显著的复杂性与差异性。以城市和农村地区为例，两个地区的经济水平差距很大，因此体育教学场所、设施与器材也有差距。针对这一情况，体育教师要实事求是，从实际出发，构建恰当的体育教学模式来完成教学目标与任务。农村学校的教学水平与条件有限，因此不适合构建并选用对外部教学条件有着较高要求的小群体教学模式。

（二）高校体育科学化课堂教学模式的构建原则

1. 坚持教学目标、内容、形式、结构与功能的统一原则

从本质上讲，高校体育科学化课堂教学模式的建构是处理好高校体育教学活动中形式与内容、结构与功能的关键问题。因此，体育教师需要针对不同课堂结构和形式的功能与作用进行全面分析，并以教学目标和条件为根据对教学模式做出比较合理的选择。

2. 坚持统一性与多样性的统一原则

体育教学模式构建的统一性是指在构建和创造体育教学模式时，要继承新中国成立以来我国体育教学思想和成功经验。高校体育科学化课堂教学模式构建的多样性是指在开发和构建体育教学模式时应尽量实现多样化，避免单一化与程式化的不足。

3. 坚持借鉴与创新的统一原则

体育教学模式要坚持创新与借鉴的统一性。这里所说的借鉴具体是指借鉴两方面的内容：一方面要学习国外先进教学模式理论，另一方面是要学习国内先进教学模式理论以及成功教学经验。

随着全球化趋势的加强，学校体育教学自然也会受这一趋势的影响，不对国外先进教学模式理论加以借鉴或借鉴之后缺乏创新都是故步自封的落后表现。因此要有机结合创新与借鉴，这样才能运用成功的经验，吸取失败的教训，不走或少走弯路。具体来说，统一借鉴与创新，就是要以正确的体育教学思想为指导，革新原有的落后的体育教学模式，借鉴前人和他人的成功经验和理论，结合教学中的客观实际，提高体育教学的效率。

（三）高校体育科学化课堂教学模式的创新策略

1. 发挥不同教学组织形式的作用

体育教学模式创新，不应只从教师的课堂教学方面入手，也要充分考虑到体育教学的多元组织形式。例如，体育俱乐部教学模式就充分弥补了课堂体育教学的组织单一、内容单一的不足。在高校体育环境中，各种体育团体、组织都是课堂体育教学的拓展，能够作为体育教学课外教学模式的有效补充。

2. 借鉴与创新相结合

体育教学模式创新必须有根基可循，如以一定的教学理论为指导。但如果体育教师对体育教学理论的认知和教学实践应用能力有限，在这样的条件下，教师应重视加强理论学习、加强体育教学模式最新研究和动态发展的学习，重视对国外先进教学模式理论的学习和吸收，重视对国内先进教学模式理论和成功实践的学习和吸收，在其指导下，基于本校的实际教学情况，如教学条件、学生需求等开展教学模式创新。

3. 加强教学信息建设

体育教学模式的创新，离不开各种新教学技术的应用，为了更好地实现新体育教学技术对体育教学模式实施的支持，高校应加强校园教学信息建设。加强校园教学信息建设可以从以下几方面进行。

（1）各个高校之间应当建立一个公共体育的教学资源共享平台，加强各校信息联系，共同提升高校体育教学进程。

（2）借助多媒体，建立校园网，为新时期的体育学习提供更多的便利，为学生的体育参与提供更加广阔的平台，从时间、空间两个方面拓展传统意义上的体育教学格局。

（3）完善校园体育选课信息平台建设，加强对各个体育课程的介绍和推广，为学生的在线体育选课提供及时有效的课程信息和建议[①]。

4. 注重体育教学模式评价

对体育教学模式进行简明、科学、操作性强的评价，以便于教学评价工作的顺利开展。这是新时期体育教学改革对体育教学模式评价的客观要求，也是发现体育教学模式中的教学问题，更是不断完善体育教学模式的有效途径。新时期，建立健全体育教学模式评价体系、不断完善体育教学模式应注重以下几点。

（1）基于体育教学应达到的目标对体育教学模式进行评价。

（2）体育教学模式的评价应以便于教师教学和学生学习为依据。

（3）体育教学模式应适于教学记录。

（4）重视评价反馈信息的全面化、真实性。

（5）评价标准的多元化。

（6）以个人或集体的经验为依据，对评价指标进行科学、正确的衡量，对现有体育教学模式的不足进行改革创新。

---

① 李盎，岳素芳．互联网背景下高校公共体育教学优化策略 [J]. 青少年体育，2017（54）：104.

三、“互联网 +”环境下高校体育翻转课堂教学模式的应用

（一）翻转课堂教学模式的基本概念

近几年，翻转课堂已成为国内外教育专家及学者们研究的热点。翻转课堂教学模式指的是课前学生对教师提供的教学视频等教学资源进行自主学习，课中师生进行互动交流解决难题，课后师生分别对教学过程进行总结评价的教学模式。翻转课堂属于混合式学习的具体模式，它在实际应用中展现出了提升学生学习兴趣和成绩，以及提升教师工作满意度等多方面的效果。

高校体育教学改革持续推进，传统的体育教学模式已经难以满足社会对人才的需求，难以满足学生个人发展的需求，体育教学模式正处于持续的创新和优化状态。相比其他学科和课程，体育学科、课程具有突出的实践性，这也是其特有的专业特点。翻转课堂兴起，体育教学模式的创新也因此得到了新的思路。在教育信息化的大趋势下，教学理念持续革新，教学的方法和手段愈加丰富多样。翻转课堂就是最突出的例子，受到了教师和学生的喜爱。在这一教学模式下，教师能够了解和掌握学生在线学习的情况，把握学生的个性特征，进而因材施教进行个性化教学。翻转课堂的教学资源十分丰富，突破了学校之间的限制，没有时空要求，能够对教学资源的进行最大限度的利用，学生能够体验来自不同学校，甚至不同国家的教师的教学，提升学习效率和质量。

（二）翻转课堂教学模式的理论原则

教学模式的构建离不开教学思想和教学理论的指导，离不开教学理念的引导。教学模式包含各类教学活动的基本结构或框架，包括理论依据、教学目标和原则、教学与学习程序、实现条件与教学资源、教学效果评价等要素。

从理论依据的层面分析，翻转课堂教学模式的思想基于在于“先学后教”，强调学生在教学过程中的主体地位和参与性。按照高校体育教学特点，特别是斯金纳操作性条件反射的训练心理学，借助教学视频对知识进行学习吸收，反复观看不会的视频片段，从实践强化到学习掌握的过程，以这种循环学习过程来完成有效的行为目标。

从教学的目标和原则的层面分析，高校体育教育的目标在于对大学生在基础教育阶段形成的体育观念、习惯和能力进行强化，进一步培养学生以自主和积极的态度进行科学合理的体育锻炼活动，掌握现代体育科学中的基本知识与技能。

从教学与学习程序的层面分析，翻转课堂是基于优质视频资源和交互学习社区所构建的，其基本教学程序是：对教学视频等资源进行自主预习—对难以理解的视频片段进行反复学习—对疑难问题进行归纳—课堂上学习新课，听取教师和同学的评价—对拓展资源进行学习，扩大知识面和优化技能结构，进行多次训练，强化学习效果。

从实现条件与教学资源的层面分析，如今互联网实现普及，慕课平台不断发展，这些都是翻转课堂重要的实现条件，也为其提供了丰富的教学资源。同时，教师也可以基于课程和教学内容，借助多媒体技术等，自制教学资源，如教学内容中的理论知识的图文以及动作技能的示范视频、练习题、组织训练活动、对训练活动录制的视频等等。

从教学效果与评价的层面分析，翻转课堂在实际应用中有效激发了学生的体育学习热情和参与体育活动的积极性，促进了对学生自主学习能力、发现和解决问题能力等的培养和提高，提升了学生适应社会能力、合作交流能力等。教师需要对反馈信息进行分析，并基于此对学生提供辅导，激发其学习的积极性，结合学生各自的学习情况开展教学。评价学生时，要关注到高校体育教学的特殊性，弱化成绩的传统地位，结合学生的学习态度和进步程度等进行综合评价。在“健康第一”的指导下，将“健康”作为重要的评价标准。引导学生深化对体育的认识，形成良好的体育习惯，基于体育教学目标进行人性化测试的设计。

（三）实施翻转课堂模式的教学意义

1. 改善课堂师生互动关系

翻转课堂大约于 2007 年出现，主要是把课堂的部分知识制作成视频上传到互联网，以便学生自由学习，其目的在于帮助缺课学生跟上教学进度。翻转课堂的出现和应用完全颠覆了以往的教学模式，实现了学生积极性和能动性的最大化。其第一次应用于实际教学是在美国科罗拉多州的化学教师乔纳森·伯尔曼和亚伦·萨姆斯的课堂上，然而其兴起和发展则源于“可汗学院”的出现。

翻转课堂被逐渐广泛应用的同时，各国的教育学者、工作者也纷纷立足于本国教育情况，发展了其内涵和实施过程。其开创者乔纳森·伯尔曼和亚伦·萨姆斯也十分重视这一点，在他们看来，这能够有效激发学生的求知欲，促进其深层次认知能力的发展，实现师生、生生之间的互动关系的改善。

2. 助推高校体育课堂教学质量发展

学校体育工作将体育教学作为中心，体育教学可以分为体育理论知识教学和体育实践教学两部分，其中体育实践教学占据着十分重要的地位，能够直接激发和提升学生的体育热情，能够对体育理论、体育教学理论等进行检验，对于体育教育目标的完成十分关键。由于高校体育理论课堂教学不重视、体育课程课时较少、体育教师没有足够的教学表现手法等原因，当前高校体育理论课堂教学沦落到一个非常尴尬的地位。

第一，翻转课堂不受时间、空间以及教师的制约，能够帮助不方便到学校上课的学生自由安排时间进行学习，帮助对课堂知识点不理解的同学课下反复学习。第二，翻转课堂具有学习社区，有助于学生对教学资源和内容进行学习，促进师生和生生之间交流互助。第三，翻转课堂使分层教学和因材施教能够真正得以实现，发挥学生的自主性和能动性，为他们提供个性化的辅导，实现有效的课堂互动。翻转课堂体现出的上述优势，使相应的体育教学模式得以突破课时数少和教学资源缺乏等问题的阻碍，避免出现部分学生跟不上、部分学生学不够的问题，促进全体学生的全面发展和个性发展，同时也促进终身体育教育思想的发展和落实。

（四）高校体育翻转课堂教学模式的实践阶段

高校体育翻转课堂模式的构建与一般翻转课堂模式相似，包括课前学习资源的制作准备、学生自主学习、课中知识内化、课后总结评价几个阶段。

1. 课前学习资源准备阶段

明确的教学目标是教学活动的出发点和归宿，为教学活动指明了开展的方向以及希望实现的成果。课堂教学之前，教师需要对课程标准、大纲和教学大纲、计划等进行深入分析，进而确定教学的目标和任务。同时，在教学过程中教师应对教学目标和任务进行持续优化调整，让课前、课中和课后三个阶段的目标构建成一个协调的、相互联系的整体三维目标。此外，教师应借助多媒体技术结合运动技能的理论知识和训练方法等进行教学 PPT 的制作，将教学 PPT、视频和语言、动作等进行综合，录制成教学视频发布到学习平台。并且，体育教师应当重视教学内容的体系化和完整性，使之形成合理的知识结构，基于学生学习的水平和需求，合理选择教学素材，将之按照教学内容特点加工成合适的教学资源。

在教学资源制作过程中，对于部分复杂的、较难或者不适合分解法的技术动作，教师应借助动画技术或者慢速播放操作加上发力位置、运动轨迹等说明性文字，使之更加直观和易于理解。例如，对于背越式跳高过杆运动技能的教学，教师难以对“背弓”这一动作进行分解示范，就可以对这一运动技能的示范视频进行暂停或者慢速播放处理，再用箭头和文字等对技巧进行说明，就能够使该技巧的要点更加直观，使学生能够很快理解和模仿。同时，教师还应该按照每个单元的要求，对教学内容进行难度递进式的安排，循序渐进地使学生掌握知识。

翻转课堂教学对于学生自主学习能力和发现、解决问题的能力有一定的要求，要求学生能够自觉地、积极地进行课前预习。对运动技能的理论知识等开展自主学习，从而事前对知识有一定的理解，对运动动作进行想象，在脑海里预演。并且在自主学习时，要能够发现自己薄弱的地方，积极与教师、同学交流，从而解决疑问，或者自主查阅其他学习资料，对不理解的知识进行反复学习。

在课堂教学之前，往往会有很多学生乐于了解甚至练习新的技术动作，但是没有体育教师的教导，自己尝试、练习动作很可能会导致错误动作动力定型，甚至练习失误受伤等。因此，学生的自主动作练习不能盲目进行，要和小组成员一起，在理解教学视频、仔细全面观察动作示范之后进行，并和小组成员相互指导、纠错。此外，借助虚拟系统技术可以进行高难度技术动作的练习，加深学生对其的理解和掌握，即使没有充足的场地和器材也能够练习。

2. 课中知识内化阶段

课中阶段教学的主要内容是学生提出问题、教师答疑解惑，同时进行动作练习，掌握运动技能，实现知识内化。课堂上，教师放置好数码摄像机，对教学过程进行全程摄像。根据问题类型、学生的位置等开展分组讨论。进行探究活动时，教师需要对课堂的探究和讨论进行合理设计，让学生在交流和讨论中发挥个性。

当问题难度较高时，可以先由学生根据课前预习的知识对问题进行分析和研究，探求解决思路和方法，教师从旁鼓励和提示，为学生提供一定的引导和帮助。当答疑环节结束后，可以根据学生自身的体育水平，进行分层教学、个性化教学。此外，还要鼓励学生思考怎么做好技术动作，以及为什么会有错误动作，使学生在修正错误的过程中发现原因。同时，对于很快就学会技术动作的学生，可以给他们机会向同学们示范，纠正同学们的错误和进行指导，让他们在教中学，不仅掌握运动技能，更培养他们合作交流和解决问题的能力。完成动作练习后，教师需要引导学生进行心得体会和问题的总结和反思，使学生优化学习方式、教师调整教学计划和方法。

3. 课后反馈评估阶段

课后阶段，教师可以将录制的课堂教学视频发布到学习平台，供学生学习。教师应对之前课堂上多次出现的问题、学生的学习态度和效果等进行总结和评价，进行班内的交流，及时给予学生鼓励或者表扬。学生则需要总结学习的心得体会，对课上教师教授的知识和技术动作要点进行总结和记录，对自己的课上表现等进行反思，将自己的技术动作练习成果发布到学习平台，接受教师和同学的评价，围绕着学习平台、微信等构建良好的协作学习环境，实现闭环式教学。

（五）高校体育教学翻转课堂模式实践的可行性

翻转课堂教学模式有助于学生自主学习、探究学习和合作学习的能力的培养和提升，有效促进了体育教师教学能力的强化。在这一模式之下，学生学习的时空从传统的课堂延伸到了课下，师生和生生之间的互动得以强化。学生可以自由、自主地进行学习，在任意的时间和地点都能够获得教学资源。借助翻转课堂的网络学习平台，师生之间能够更加顺畅地随时交流，对于学生而言，这样间接式地同教师提问和交流，更加轻松和没有负担，易于增强自信。由此可见，翻转课堂模式为师生间构建了一个协作融合的学习空间和环境。学生能够自由控制学习的重点和深度，强化理论知识的学习效果。

翻转课堂教学模式促进了学生理论知识水平的提升以及实践能力的增强，促进了其理论和技能的融合，实现了教学效果和质量的强化。同时，该模式结合教学内容，采取多样式的教学方法，促进了学生对理论知识的理解和掌握。翻转课堂应用之后，相比之前，提升了学生的理论知识成绩、技术水平成绩以及综合成绩等。

高校体育教学翻转课堂模式是对传统的体育教学模式的突破和革新。网络平台不仅密切了师生关系，使师生能够随时进行交流，同时也打破了课前、课中、课后之间的隔阂，使之形成教学闭环，构建协作融合的学习环境。翻转课堂虽被誉为“影响课堂教学的重大技术变革”，但想要切实发挥翻转课堂教学模式的优势，需要一定的教师教学能力和学生学习能力作为基础，如教学资源的制作、学习平台的交流等，需要师生具有对应的网络技术能力。只有对翻转课堂教学模式的各方面均加以重视，才能够使之与高校体育教学充分融合。

第四章　当代高校体育教学评价体系的创新构建

体育教学评价是体育教学体系的一个重要内容。本章节内容为当代高校体育教学评价体系的创新构建，依次介绍了高校体育教学与学习的主体、体育教学评价的基本理论、高校体育教学评价的相关因素分析、当代高校体育以人为本的科学化教学评价四个方面的内容。

第一节　高校体育教学与学习的主体

一、高校体育教学中的教师因素分析

（一）我国体育教师的发展背景

1. 教育活动催生体育教师的出现

远古人类为了能够在极端恶劣的自然环境中生存，必须想方设法地去认识自然、了解自然，甚至尝试利用自然，并开始进行物质生活资料的生产。然而这一过程注定是相当漫长的，在此过程中，远古人类掌握了劳动、生产等方面的知识与经验，部分部落、氏族的首领，富有经验的长者，便有意识地将制造、使用劳动工具的方法，以及其他生产知识、生活经验、生活习俗、行为准则等进行汇总、分类，然后有步骤地传授给下一代，形成了原始社会时期的早期教育活动。其中包含一些身体力行的技术教学，如狩猎、捕鱼、躲避猛兽等，而体育教学的萌芽就在其中产生。

从实际来看，原始社会的体育活动与教育活动基本相似，都是由部族中的长者、首领等作为“教师”，但原始社会的体育教育并没有明确的体育分类。包括

在后来中国封建王朝的私塾、学校等教育场所中尽管有与体育相关的技能教学，但也没有专职的体育教师。即便如此，人类早期体育和教育的出现，为体育教师的产生奠定了重要基础的事实是不可否认的。

2. 社会生产力的提升推动了体育教师的产生

随着社会的发展，社会生产力不断获得提升，特别是工业革命以后，人类的生产力水平实现了跨越式的进步。这使人们摆脱了以往将大多数时间用于生产的生活状态，与此同时也增多了物质财富和空闲时间。

生产力水平的提升还体现为各个行业专业化水平提升，因而推动了专业化知识体系的形成和发展，对于诸多学科来讲也是如此。根据历史文献，最开始，体育、音乐和舞蹈是融合在一起的一种一体式的教育。之后因为培养倾向的差异，使其属性逐渐朝各自的方向发展，例如舞蹈教育关注肢体的表现力，音乐教育关注声调的表现力，体育教育关注身体的活动与锻炼。并且这些分离的学科通过长期的发展还各自形成了具有科学性和系统性的知识体系。因此可以说，体育及其教学从一种学科中分离出来还是得益于社会生产力的进步，进而也催生出了体育教师这一专门化的学校任教职业。

3. 西方近代体育思想是我国体育教师产生的本源

西方的炮舰外交打开了我国的近代史篇章。此后，西方文明开始涌入古老的神州大地。国内一些有识之士开始觉醒，不断探寻救国图强之道。此时，主张向西方学习的洋务派应运而生。洋务派倡导的是“师夷长技以制夷”的理念，主张向西方学习，兴办教育，创立了不少军事学堂和军事工业学堂，其中比较有代表性的如北洋水师学堂、天津武备学堂、福州船政学堂、广东水师学堂等。这些学堂的内部设置几乎完全仿照外国学堂的制度，特别是都设有体育课，教员也多是聘请外国人担任，用英语授课。

后来在晚清时期，清政府在 1903 年颁布了第一个全国性的法令性文件《奏定学堂章程》。它对各级各类学校开设的课程作出了规定，其中具体要求各级各类学校均要开设以普通体操和兵式体操为主要内容的体操课。不过这个体操课的内容基本还是沿用西方体操课的内容与教学方式。在此种形势下体操教师开始出现。体操教师的出现表现出了中华民族有接受先进文化的强烈愿望，是积极探索近代体育教育的证据。由于体操课是学校教育中的法定课程，因此体操教师这一职业在我国的学校教学史中也自然地取得了法定地位，在此后的年代中，尽管名称有所改变，但其始终是我国教师职业的一个重要组成部分。

（二）当代学校教育对体育教师地位的要求

学校教育的根本任务在于增强民族素质，培养全面发展的社会主义建设者和接班人。学校体育教育的重要任务之一在于增强学生体质，提升学生体能，促进学生身心健康。所以，体育教育在学校教育和教育方针中都是重要的一部分，与德育、智育、美育、劳育之间有着深刻的联系，相辅相成，同时也相互独立，一起构成了学校教育的有机体系。

体育教师是落实学校体育工作的基本队伍和具体成员，体育课程的教学、校内运动队的训练、课堂内外的体育活动、学校内以及学生参与的校外的体育比赛，都需要体育教师的付出，都体现了体育教师的辛苦，体育教师是学校相关的所有体育活动的组织者和领导者。他们帮助学生形成高尚的道德品质，帮助学生养成健康强健的体魄，促进了学生身心的健康成长。体育教师应当保持积极的教学态度，持续提升自身素质，这对于学生的体育教育和成长有着重要影响，对于学生的全面发展十分重要，同时也影响着学校的社会形象。由此可见，体育教师并非无足轻重、可有可无，而是在高校中有着重要的地位，甚至其影响比普通学科的教师的更为广泛和深远。所以，传统的轻视体育教育教学、轻视体育教师的观点是错误的、过时的、片面的，需要在当前高校工作中、社会环境中对此进行割除。

高校体育教师肩负着重要的历史使命，影响着我国社会主义人才的培养，影响着我国社会主义事业的建设，影响着民族未来的命运发展，有着极为重大和深远的意义。所以，不管是学校，还是社会，都应当给予体育教师应有的重视和尊重，但是事实上却并非如此。部分高校片面看重学生的专业知识教学，或者强势专业的教学，对非体育专业学生的体育工作十分轻视。甚至部分学校在教学管理上没有给予体育教师公平的对待，不管是职称还是考评都将优势向其他学科教师倾斜。这就导致体育教师的教学积极性受到极大打击，阻碍了体育教学质量和素质教育质量的提升。其背后有着复杂的因素，一方面在于我国社会历史的传统，如落后的传统教育观、不科学的人才观和体育观，一方面在于部分体育教师自身在综合素质、教学能力上的不足。

综上所述，高校体育当前急需的就是认清体育教师在教育中的重要地位，以及其肩负的职责与使命，对体育教师的重要性与付出进行表扬和宣传，构建重视和尊重体育教师的良好社会环境。特别是教育行政部门和高校，要重视和优化对体育教学的管理，提升体育教师的待遇，为其构建良好的工作条件，切实改善其社会地位，从而极大提升体育教师教学的积极性，加强体育教师素质考核，促进其各方面素质的全面增强。

（三）不同类型体育教师的特点

体育教师的类型很多，分辨这些类型的依据在于他们教学能力的侧重。之所以高校体育教师会出现如此的分类，这主要是与高校体育教学涉及的内容很多有关，再加上高校体育教学的多项任务，这就使得体育教师都拥有各自擅长的领域，即便是那些较为全面的教师，也肯定有其最为擅长的项目。因此，根据这些不同的擅长领域，就可以将体育教师分为四种类型，具体如下。

1. 擅长教学的体育教师

体育教师最基本的技能就是开展体育教学。然而，那些对体育教学有着最深刻理解的教师能使教学最富有效果，效率更高，教学目标更易达成。这类教师更加善于教学，深受学生的喜爱与认同。擅长教学的体育教师的最大特点主要表现如下。

第一，此类体育教师教学经验丰富，对所教内容总体把握准确，对教学细节也锱铢必较。在教学态度上，他们热衷体育教育事业、潜心钻研业务，对学生能够表现出足够的爱心、耐心和责任心。

第二，此类体育教师更注重在日常教学中积累经验，并将这些经验与体育教学理论不断结合验证，应用到以后的教学中，从中发掘体育教学规律。这使他们的体育教学严谨、有序、效率高。

除此之外，擅长教学的体育教师更善于运用一切可能的教学条件，甚至当条件不足时可以自己创造条件，如引导学生制作必要的体育器材等。他们还善于发现每类学生的学习特点与了解他们的能力，从而有助于激发和调动学生的学习兴趣和积极性，也有利于选择最适合他们的教学方法。

此类体育教师总的来讲更偏向于教学和理论，多为“学院派”体育教师，与其他类型的体育教师相比，他们自身的运动经历也许不是最丰富的，也没有参加过长期的专业队训练，然而这些并不会妨碍他们成为优秀的高校体育教师，也无碍于在教学中他们对某项运动技术、战术等进行准确的示范和讲解。这种“讲得透”“讲得清”在很大程度上弥补了他们运动技术水平欠缺的不足。

2. 擅长训练的体育教师

现代高校中的高水平运动队已经成为许多高校体育文化的名片。一般来说，能够成为高水平运动训练队教练员的体育教师大多拥有自己的专长项目，有些教师的项目专长不止一项，同类型运动也许掌握两项甚至更多，如乒乓球专项的体育教师可能对羽毛球或网球运动也很擅长。此类体育教师大多数拥有较为丰富的专业体育训练经历，有些甚至是专业运动队的退役运动员，由他们带领学校的运动训练队可以充分发挥他们在运动训练实践领域的经验，以使学校运动训练队的综合水平得以提升。此类体育教师会受到渴望接受专业运动训练的学生的敬爱，此类学生往往认为擅长训练的体育教师可以帮助自身运动技能得到更多的提升。

擅长训练的体育教师的特征主要为：具有丰富的运动训练经验，他们通常有过参与长期系统训练的经历，因此在组织运动队训练时表现出突出的训练管控能力，并且能够发现队中学生运动员的实际情况，然后有针对性地调整训练计划。高水平运动队的训练目的之一还在于参加校际体育赛事。而他们由于具有丰富的运动经历，因此在比赛中能够有足够的心理素质指挥比赛，可谓是高校运动竞技体育提高成绩所不可或缺的人才。然而这类教师在开展日常的教学工作时则会体现出一些不足之处。这种不足主要体现在他们习惯于将运动训练的思维照搬到体育教学之中，使教学显得枯燥、死板，缺乏启发性和娱乐性，因此不能激发大多数学生的体育学习兴趣，这在一定程度上也影响了体育教学效果。

3. 擅长科研的体育教师

现代教育中的各领域发展都非常迅猛，体育教学也不例外。再加上一些高科技手段运用到体育教学当中，就使体育教学领域中出现了更多的有待研究和探索的课题。为了保证对体育科研的力度，保持体育教学的先进性，众多高校体育教师加入体育学科科学研究的行列之中，他们在平时除了要做好日常的体育教学工作外，还要分配好自己的时间用于体育科学研究。这就要求他们具备出众的文化水平和科研能力。由此，近些年来就出现了擅长科学研究的体育教师类型，此类体育教师普遍对自我再学习比较看重，学习的内容多是与体育相关的学科，并且定期会观摩一些优秀体育教师的理论或实践课，以便从中获得经验和找到科研的灵感。他们对于体育教学领域中的学术问题有着敏锐的目光，可以提出角度特别的观点，并对其中一些具有十足现实意义的问题做深入研究和探索，并且在研究过程中会与自己参与的课堂教学与课外训练相结合，从而构成一种边学习、边研究、边设计、边实践的科研模式，最终形成自己独特的研究风格。

由此可以看出，擅长科研的体育教师不仅仅是体育知识的传授者，更是体育教学的创建者和知识的反思者与实践者。但是这类教师往往在一线教学能力上有所不足，这也与他们长期利用大部分时间做学术工作，较少参与到一线教学活动有关，以致其教学技能有所弱化，成为“理论型”教师。

4. 复合型的体育教师

前面三种类型的体育教师都有各自擅长的项目，但也有他们各自所属类型的不足。现今，体育教学的发展越发对体育教师的综合素质有所要求，甚至要求他们不能有过于明显的“短板”，需要同时在教学、训练、科研等方面有较强的能力，这就是复合型体育教师。复合型体育教师如今已经成为体育师资队伍建设和发展的主要目标，事实上这类教师就是在教学、训练、科研领域俱佳的体育教师。

所谓复合型体育教师，就是在知识结构方面由两个或两个以上的不同质的学科知识群组成，在智能结构方面由跨学科的多种能力聚合而成的体育教师[①]。展开来说，就是体育教师除了要拥有主辅修专业外，还要兼顾具有与主辅修专业紧密相关的其他学科知识以及发掘相关知识的敏感度，当然运动技能专长是绝对不可缺少的。

在高校体育教育领域中，复合型体育教师除了可以正常完成日常教学工作或其他体育活动的组织工作，还能在业余时间进行科研工作，另外，他们还具有果

① 周登嵩．学校体育学[M]. 北京：人民体育出版社，2004.

断的决策力，并且拥有创新思维和较强的社会交往能力。当然，如此“全能”的体育教师数量必定是较少的，他们大多就职于著名综合性高等院校，或是在体育专科院校中。

通过上述对高校体育教师类型的分析，基本可以了解这些教师的特点，这对高校根据具体体育教学任务选择匹配的教师有着很大的帮助，并且在日后还要对这些教师进行岗位再培训，以期发扬其优势，弥补其不足。

（四）体育教师的专业化发展

1. 体育教师专业发展的意义

（1）体育教师专业水平决定着学生体育素质

学生的体育素质不仅仅代表着学生的身体素质表现出来的能力，更包含了学生对体育的情感、认知、态度等。还包括学生接受教师的体育教学之后，学生课后能不能坚持体育锻炼，能不能产生正确的体育认知，能不能形成正确的体育价值观、终身体育锻炼的意识。一名优秀的体育教师改变的不仅仅是学生的动作技能，更在于对学生思想的转变。一名优秀的体育教师不仅仅是教学生运动的方法，更重要的是教会学生理解为什么要体育运动，体育运动对其发展的价值和意义。体育教师需要提升专业水平，只有这样，学生的体育素质才能真正提高，广大的青少年才能身心健康、体魄强健、意志坚强、充满活力。

（2）体育教师理念水平决定体育课程改革的质量

以“健康第一”为指导思想的体育与健康课程，对于实施素质教育，进行学生的爱国主义、集体主义的培养，实现学生的德、智、体全面发展具有重要的意义。新的课程标准对体育教师是个新的挑战，课程四个领域的学习目标不仅仅要求体育教师具有体育的教学和组织能力，还要发展学生良好的心理品质、合作和交往能力，养成积极健康的生活方式和积极进取、乐观开朗的人生态度。但能否把这种先进的理念充分融合在日常体育教学中，并使学生受益，这有赖于教师对课程标准的理解和执行。

（3）体育教师专业能力决定体育教学质量

要想成为一名优秀的体育教师比其他文化课程教师难度更大。第一难，难在应用的知识，体育是一门综合性的应用学科，至少包含了生理学、解剖学、运动生物力学、心理学等学科，体育教师要想让学生知其然知其所以然，就必须具备相关的知识。第二难，难在教学内容上，其他学科的核心内容很少改变，更多体现在教学方法上，体育学科则不然，不同的地域、不同的时期都有不同的侧重内容，这就要求体育教师要不断地学习适应新的变化。

（4）体育教师专业发展对自我实现的重要意义

著名哲学家、人本主义思想家马斯洛在其需要层次理论中提出，人类的需求构成一个层次体系，其中，自我实现是“需求层次理论”中谈到的人的最高级的精神需求。体育教师的专业发展价值不光体现在教学上，专业能力的提高，教学能力相得益彰，学生获得了体育知识、获得了健康，体育教师获得一种精神上的满足，职业的快乐。在这个过程中教师不仅实现了专业能力的提高，更为重要的是获得了精神上的快乐和满足。

2. 体育教师专业发展的必备素养

体育教师的知识是从事体育教育工作和专业发展的前提条件。教师的专业知识应包含三个方面：一是本体性知识；二是条件性知识；三是实践性知识。有学者从系统论的角度，认为未来教师的专业素养在知识结构上也不同于今天的教师，不再被“学科知识＋教育学知识”的传统模式所局限，而是重视多层次知识结构。

（1）丰厚的基础知识储备

自然科学知识。体操之父古茨穆茨明确了体操教育内容，但同时他也清楚地认识到，体操的真正理论是基于生理学建立的。一百多年前人们已经认识到体育应该建立在解剖学、生理学等科学的基础之上，然而，至今在中小学体育教学中，关于自然科学的知识仍然是被教学所忽视的。当学生们对动作产生疑问时体育教师往往难以给出科学的回答，因此，体育教师应当多反思自己的体育教学是否能经得起推敲和科学的验证。

成为体育教师，必须实现对相关的运动生理学、运动生物力学、解剖学、运动心理学、测量与评价等知识的了解和掌握，这些知识是体育运动技术存在的基础，是创新体育手段和创造体育项目的基础。有了这些知识，体育教师可以根据不同学生的需要而设计出不同的运动项目；有了这些知识，体育教师的教学才能真正实现建立在科学性的基础之上。《美国学校体育国家标准》中规定：在小学低年级，重要的是应用动作概念建立一个动作词汇表，动作概念可以培养学生对力、空间和身体的认识。虽然当前，我国体育课程对此类内容并没有明确规定，但这不应该成为体育教师忽略此类知识的理由，自然科学类的知识是体育教师专业发展必须具备的基础知识之一。

人文社会科学知识。自现代体育传入我国以来，体育就逐渐成为学校教育中不可或缺的部分。新中国成立以后，学校体育改革尤其是改革开放后学校体育主导思想的变迁，经历了增强体质、终身体育、快乐体育、素质教育、健康第一等学校体育主导思想变迁。而在这个过程中，如果教师缺乏相应的人文社科知识，那么对这些理念的理解就会存在知识不对称产生的差异，体育教师无法理解我国的学校体育主导思想为什么不断地改革和探索，也无法把这些改革取得的先进成果以及提出新的发展方向与自己的日常教学结合起来。缺乏了人文社科知识的支撑，可能会使绝大多数体育教师在改革中迷失方向。没有丰厚的体育人文社科知识做积淀，体育教师的专业发展就不可能真正实现。人文社科知识的发展水平以及国民所具有的体育素养的高低和普及程度体现了一个国家民族整体体育水平。我国体育发展现状要求未来的体育教师是具有专业知识和技能，丰富的文化底蕴，健康的身心，创新、管理和协调能力的综合型人才。当前新课程标准中社会适应、心理健康等领域目标的实现，更多依靠体育人文社科的知识。

（2）优秀的运动技能

体育运动技能是一名体育教师的生存之本，一名优秀的体育教师往往能通过自己规范、优美的动作而激发学生学习的兴趣。处于义务教育阶段的学生，希望能掌握一门运动技能在运动场上来展现他们的运动技巧，那么一名拥有优秀运动技能的教师无疑能吸引他的目光。所以要想成为一名优秀的体育教师必须要熟练掌握，至少拥有优秀的体育运动技能，并在运动技能方面做到“一专多能”。从体育教师专业发展的角度看，一名优秀体育教师的运动技能不仅仅指其在运动过程中所展现出来的运用运动技术的能力，也该包括学习新的运动技术的能力。虽然不能要求每一名体育教师掌握所有流行的体育项目，但作为一名职业体育教师应该对这些项目有所了解，并能根据自己的专业知识了解这些动作的原理，探索出合适有效的动作练习方法。

（3）课堂教学设计与实施的技能

在课程改革的形势下，教师革新教学观念、构建现代教学观念的关键，在于对教学设计的重新认识和现代教学设计这一技术的掌握。体育教学应该考虑体现对学习环境的创设、学习情感的培养、学习方式的指导和学习技术的关注。

（4）运用现代教育技术的技能

现代教育技术将以计算机为核心的信息技术运用在教育教学中，教师运用现代教育理论和技术，通过对教学过程和资源的设计、开发、应用、管理和评价，以实现教学现代化的理论与实践。对于体育教学来说，现代教育技术融入教学的目的就是提高教学的效率，展示体育教师无法完成的动作。体育教师应该学会利用三维立体技术制作出人体在运动时动作运行轨迹，这样的技术融入课堂教学可以使学生更直观地获得在运动的过程中身体的动作顺序，从而加深对动作的理解，这样就可以形成更直观的感受。

二、高校体育学生学习因素分析

（一）高校学生身体发展特点

1. 身体形态特征

高校学生的年龄一般为 18~25 岁，在这一时期，人体各器官组织的生长发育都已基本完成，各方面的身体素质也处于较高的水平。性别方面，由于性别不同而使男女高校学生之间的身体形态发育很不平衡，男女之间的身体形态具有很大差异，性别特征差异明显。

2. 身体机能特征

身体机能的发展包括神经系统的发育、骨骼肌肉系统的发育、呼吸系统的发育、心血管系统的发育等。

（1）神经系统发育特征：高校学生的抽象思维能力、分析综合能力已经非常完善，大脑结构和机能达到成人水平。

（2）骨骼肌肉系统发育特征：高校学生在度过青春期后，骨组织内无机盐增多，水分和有机物减少，骨密质增多，骨骼变得粗硬；肌肉长度和横断面积增加，肌力增强，对力量和耐力性的素质练习承受能力也会增强。

（3）心肺发育特征：和青少年相比，高校学生的肺活量、肺容积增大，呼吸肌增强，呼吸频率减慢加深，呼吸调节能力增强。随着年龄的增长，至大学阶段，学生心收缩力增强，心率减慢，基本达到成人水平。

3. 身体体能特征

高校学生的身体体能的发展与身体形态和机能的发展趋于一致，表现出较为明显的波浪性和阶段性，形态、机能发育基本稳定，身体体能达到高峰。此外，高校学生的身体体能的发展表现出一定的差异性，如男女高校学生体能的发育速度不同，不同高校学生各项体能素质的发展速度不同。

（二）高校学生心理发展情况

现代高校学生的普遍特征是文化素质高、思维活跃、有干劲、对事物有探究精神，他们在生理上已处于成熟期，与此同时，心理的发展也要跟上来。有调查表明，我国大部分学生的基本需要是积极健康的，他们将求知、友情、自尊和人格独立放在最前列。高校学生心理发展突出表现在以下几个方面。

1. 性格特点基本形成

性格是指人在现实中所具有的稳定态度和习惯性的行为方式。在大学阶段，学生的个性发展趋于稳定，自我意识稳步发展，集中体现在人生观、价值观的确立上。对于学生来说，性格趋于稳定是心理健康的表现。

但要注意的是，尽管高校学生已接近成熟，但是有些时候仍然会表现出单纯、幼稚等不成熟的一面，容易缺乏对事物的正确判断，仍旧需要教师引导他们进行性格的自我教育和自我培养。

2. 个人情感日益丰富

高校学生正值青春，风华正茂，爱憎分明，个人情感日益丰富。他们已经褪去了少年时的稚气，随着高校学生的进步与成长，其阅历、经验积攒起来，逐渐在情感中表现出复杂的内容。高校学生的情绪不再出现强烈的波动，但遇到一些突发事件也会喜怒形于色，表现得非常情绪化。所以，在高校体育教学中，教师应当合理引导学生，促进学生更具修养，积极主动地进行体育运动。通过运动释放压力，学生得到发泄的机会，有利于控制与调节个人情绪。

3. 自我意识显著提高

自我意识是指对自己身心活动的洞察，以及由此形成的个人情感。进入大学以后，由于环境的变化造成了心理感受的变化，所以会出现对自我进行重塑的倾向。自我意识的形成与发展是人向社会发展的过程，是人从周围其他人对自己的期待和自我评价过程中主观发展而来的。高校学生自我意识的提高主要体现在以下几个方面。

（1）自我认识水平

学生对自我认知有强烈的自觉性和主动性，能根据周围人对自己的态度来对自己有一个准确的认知，能更加客观地审视自我，但也会存在过分在意他人看法，对自己产生消极影响的情况。

（2）自尊心

学生特别希望得到他人的尊重，对于他人的批评有内疚感，无法忍受别人的轻视与嘲讽。

（3）自信心

对新鲜事物有着非常乐观的心态，相信自己，永不服输。

（4）自我控制愿望

学生的自主性与自觉性提高，并逐渐根据社会标准、社会期望、社会条件等出现偏移。

（5）独立倾向

学生希望自己独立生活，不愿意受到家人和其他人的干预，当这种意愿得不到实现后会有不满的感受，甚至会有挫败感。

4. 意志品质尚不稳定

意志品质，是指人的果断性、坚韧性、自制力以及坚韧顽强的精神。高校学生的意志品质显得更加顽强，具体表现为有信心克服困难，能清晰地意识到自己行动的目的和意义。

此外，受到多方面的影响，高校学生渴望独立，具有较强的自觉性，并能在行动中对自己行动的目的性和社会意义形成清晰的意识。但是，高校学生意志品质的发展依然不稳定，当真正遇到挫折和艰难险阻时，往往会举棋不定，心理不稳定，鲁莽行事。

5.“成人思想”增强

所谓“成人思想”，是指青少年内心已经把自己当作大人，因而在行为举止、思维观念、社会交往等方面，体现出成年人的特点。高校学生处在青年与成年的交界期，他们渴求自己能够成熟起来，希望自己能被别人认为是“大人”。有些高校学生没有达到成年人的阶段与层次，但仍按照成年人的标准要求自己，在外在举止与行为上向成年人看齐，渴望成为成年人的程度可见一斑。

青春期的生理发展和身体发育给学生的身心发展带来变化，还使家庭和社会不再用老眼光去审视他们。这时会发现，大家已不把他们视为小孩子，开始认可他们的独立性地位，也开始重视起他们的社会属性。因此，高校学生不仅具有因多种变化而产生的心理体验，还因为家庭、社会对自己态度的转变而对生活更有信心。

（三）学生在高校体育教学中的特点

1.规律性与发展性

学生的体育学习是一个需要主观努力的过程，但是也需要遵循认知、技能发展等相关规律。对于师生来说，必须要充分认识到这些规律。体育教学本来就不是一个一蹴而就的过程，而是应循序渐进地在遵循客观学习规律的基础上开展相关身体练习与学习活动。对于每个学生来说，虽然有各自的情况和发展道路，但他们都处在动态变化中，因此，教师要意识到每一个学生身心所展现的各种特征都是在变化的，其各个方面的发展都隐含着巨大的变化性。因此，学生有教育的需求，教育也希望作用于学生。在高校体育教学中，体育教师应以发展的眼光和辩证的视角来看待学生。对于体育教师来说，了解学生的规律性与发展性特点的意义在于体育教师能充分认识每一个学生，在所有教学阶段都能做到因材施教，促进基础较好的学生更上一层楼，更重要的是不抛弃、不放弃每一个所谓的“差生”。

2. 差异性与统一性

体育教育对象是学生群体，在学生群体中，每一个学生的年龄、性别、运动基础、知识结构、教育背景等不尽相同，在知识结构、感知能力、思维水平、想象力、创造力以及兴趣、情感的表现力等方面都会有明显的差别。面对各有特点的学生，教师要正视他们的区别，并结合这些特点，有针对性地开展体育教学工作。但也要认识到，即便学生之间具有明显的个体差异，但在同一个阶段内，相同性别、年龄的学生群体在很多方面是有统一性的，体育教师可以结合不同学生的共同点和相似点入手，展开相应的教学工作。

3. 积极性与主动性

学生学习活动的主动性、自觉性是学生学习主体性的本质体现，体育教师的教学活动要建立在学生对体育教学的积极性、主动性、自我需求的基础上。学生的积极性和主动性的发挥对于提高教学效果、提高体育运动能力具有积极的意义。对于体育教师来说，教学中要充分尊重学生的主体意识，给学生一定的选择权和决定权，充分考虑到学生的兴趣爱好和特长，科学安排体育教学内容，合理选择体育教学方法，严谨设计体育教学过程，以进一步激发学生参加体育运动的积极性与主动性。

4. 独立性与自主性

所谓独立性，是指学生的身心发展与学习特点这二者间是相互独立的，对于教师来说，针对学生的这种独立性，要做到因材施教。具体来说，每一个学生都是独立的个体，学生的体育基础、发展目标与追求、制约学习的个性心理特征等都有各自不同的情况，所以要因材施教。学生是一个动态个体，具有主体意识，学生对体育教师在教学中的布置与安排并不是无条件接受的，他们希望教师的教学尽量满足自身需求、符合身心发展特点、运动量适当等。尊重学生的自主选择对于体育教师有针对性地开展教学活动、取得良好的体育教学效果具有积极意义。

5. 创造性与创新性

学生的个体差异决定了其在体育教学中完成教师布置任务的方式、方法、思路以及自身理解等，不同学生间的这些内容都不相同，因此也不能完全遵循体育教师的教学内容和方法进行。面对这种情况，体育教师也没必要“一刀切”地要求所有学生都按照自己的要求去做，要善于发现学生在体育学习中可能会表现出来的想法、个性与创造力。有特色的教学活动往往都充满了创造性与创新性，因此，体育教师要鼓励学生的新想法、新思路和新创造，这样才能培养出符合现代教育发展和素质教育要求的优秀人才。

（四）学生参与体育学习的一般方法

体育学习方法是指高校学生在一定的体育学习环境中，基于教师的指导，根据一定的计划，独立进行自学和自练的方法。为实现体育课程目标，教师采用一定的“教”的方式，学生也在教师的指导下采用相应的“学”的方式。这个“学”，包括学生的练习和锻炼过程。

1. 自学法

自学法是指高校学生通过阅读、观察、比较和讨论等方式，学习有关体育卫生保健的基础知识，对动作要领、技术环节与动作特征自行理解、掌握的一种方法。

（1）阅读法。阅读法是指高校学生通过阅读体育课本和有关书籍来感知并理解体育基础知识与动作原理的一种方法。高校学生应根据教师的要求认真阅读体育课本，以及与体育运动常识和体育保健知识等方面有关的报刊和书籍，从而获得更多的体育基础理论和卫生保健知识，不断扩宽知识领域。

阅读体育类报刊、书籍要注意理论联系实际重点领会动作要领与方法，掌握动作的基本要素（动作的方向、路线、时间与用力等特征），并重视自我保护和相互保护、帮助的要点与方法。

（2）观察法。观察法是指学生借助感官有目的、有计划地感知需要学练的内容，初步形成动作概念和表象的方法。观察是一种有目的的感知活动。教师在指导学生进行观察时，要使学生明确观察目的和观察的重点；除运用动作示范外，还要创造各种条件，广泛使用各种直观教具与现代化的教学手段，以提高观察效果。

（3）比较法和讨论法。比较法和讨论法就是在体育学习中，学生围绕着体育知识中的某一问题，综合有关学习资料进行对照学习，兼取各家之长；或围绕着教师所提出的问题，以班级小组的形式相互交流、相互启发、相互学习的方法。

2. 自练法

自练法是指体育学习中，学生主要进行自身的独立活动，对某一动作进行有目的的反复练习的方法。这是高校学生学习体育技术知识和动作技能最基本的身体实践操作活动和方法，主要包括模仿练习、适应练习、反馈练习、强化练习等方式。

（1）模仿练习法。这一练习法是指学生以各种途径把别人提供与演示的动作模式当作样板进行模仿，进而学会动作技术和技能的方法。这是粗略掌握动作技能的必要途径。学生通过对他人的某种行为或动作所做出的直接反应和行动，尝试各种动作，并根据动作的标准模式，采取有效的方法来完成。

（2）适应练习法。这一练习法是指学生进行再现性动作练习，让自身生理、心理等方面产生适应性变化，从而创设最佳条件，更好地学习和掌握体育的基本技术和技能的方法。这种练习法重要的是必须建立在形成正确的生理和心理定式的基础上，如果形成错误动作则很难纠正。因此，高校学生不仅要反复练习某一教材内容，还应选择一些诱导性、辅助性练习，不断提高自身的学习适应能力，才能取得更大效果。

（3）反馈练习法。这一练习法是指学生对动作模式与实际演练的目标差进行了解与掌握，持续获取反馈信息，以实现自我诊断与自我纠正，持续改进和提高动作技术的方法，目的在于及时预防和纠正错误动作。在练习中，学生应针对产生动作错误的原因选择有效手段及时进行纠正，否则就会形成错误的动力定型，不仅影响技术的掌握和提高，而且容易产生伤害事故。

（4）强化练习法。这一练习法是指学生基于反复练习，对较为复杂多变的练习条件和外部环境进行创设，借助自我强化手段，巩固技能、形成技巧的方法，目的是使已掌握的动作技术形成良好的动力定型和熟练的动作技巧。

教师在指导高校学生自练时，要注意激发他们强烈的学习动机，树立远大的志向和抱负，养成独立自主、长期坚持自练的习惯；重视向他们传授自练的知识和方法，创设有利于激发学生自练活动的教学环境和条件，让学生独立自主地练习，提高他们自学自练的能力。

3. 自我评价法

这一评价法是指学生练习动作时，评定和判断自己学、练行为价值从而进行控制与调节的一种方法。自我评价是学生对自身学练行为进行独立控制与调节的必要先决条件。学生借助正确的自我评价，可以形成自我批评的态度，进而形成一种积极向上、勤奋进取的自我调节机制，展示能够自我控制的倾向，既能正确地评价自己的学练成绩，又能正确地评价他人。

（1）目标评价。这是学生评价自己的体育学习和练习目标、自我监督意识、实施目标的意志与行为等的方法。应用此方法，可以使体育学习成为学生有目的的行为。

（2）动作评价法。这是指学生在练习体育动作的过程中，评价自己动作的质量和成绩的方法。学生学会动作评价法，就能够借助自身的思维活动和体力活动对新颖独特并具有理论与实践指导意义的体育知识和技术实现发现的学练方法，进而结合自身特点、动作技术结构、动作要素，构建符合需要且合理有效地提高身体素质和运动能力的新手段和新方法，从而终身受益。

（3）负荷评价法。这是学生在练习体育动作的过程中，按照人体生理机能和心理状态变化的规律，对生理负荷和心理负荷进行合理评价的方法。生理负荷和心理负荷是影响高校学生体育学习的重要因素，也是评价体育学习和锻炼质量的重要指标。合理安排与否，既影响学生学习体育知识、技术、技能的效果，也影响学生的健康和体质。

（4）效果评价法。效果评价法是指学生经过一段时间锻炼后，借助一定的检测手段（如测验、考核、达标与技评等）来对自身体育知识、动作技术、体能发展和一般健康水平进行评价的方法。高校学生在体育课程学习中，应结合教师的教学情况，掌握自我测试、自我检查相关的基本知识与方法。如简单易行的身高、体重、脉搏等的测量方法，结合所得信息，作出自我评价。在体育学习过程中，还要清楚地确定动作质量标准和运动成绩达标要求，将之作为自我评价的定量化依据。高校学生在体育学习方法的运用过程中，要注意安全防范问题，预防并尽可能杜绝因场地、器材、运动服装等方面原因导致的伤害事故的发生。为了避免运动损伤，保证自身安全，还要重视学会自我保护和相互保护的方法。

（五）学生发挥主体性学习的条件

1. 教学目标与学习目标相协调

教师要明确体育教学在学校教育中的重大意义和体育在素质教育中所占的分量。体育教学的最终目标是让学生通过学习体育项目强身健体，树立“健康第一”的教育理念，养成“终身体育”的习惯。通过上述理念与思想，体育教师根据教学内容与目标向学生灌输与引导。教师在准备教学的相关工作中要站在学生的立场上思考，制定教学目标，使学习目标与教学目标协调一致。

2. 教师和学生共同拥有体育教材

这主要是指体育教师要让学生了解教师以什么为工具进行体育教学，要使学生在学习过程中始终对所学内容有较为清晰的了解，要让学生了解教材目标与总目标的关系以及所学内容的重点、难点和与自己身心发展之间的契合点。

3. 教学过程应该按照学生的学习过程设计

高校体育教学过程，其实就是教师“教”和学生“学”二者的统一。“教”，即古人所说的“传道授业解惑也”，而“学”主要以“探究”和“挑战”为直观特征。

从上述切入点来看，体育教师只有将“解决问题”“探究”“传承事业”和“挑战极限”结合起来，才能做好教学工作，将学生导向既定的教学目标。

4. 教学情境应该和谐民主

事实证明，良好的教学情境能全面激发学生的学习动机与探索精神，有助于让学生在学习的过程中不断思考并提出经过思考后产生的各种各样的问题。和谐的教学氛围和民主的师生关系是开展教学活动的保障。民主的教学环境是和谐教学氛围的先决条件，而民主性又显示在充分尊重学生人格的前提下。这样，学生才会学到具有真情实感的、有活力的体育知识与技能，才能真正陶冶学生情操，实现育人目的。

第二节　体育教学评价的基本理论

在教学过程中，评价是一个很重要的步骤，通过评价，教师可以了解每个学生的学习情况，并依据这个情况修改学习计划，从而更好地对学生进行教学。在体育教学过程中也是如此，一个科学的体育教学评价能够使体育教师获得更加全面客观的反馈，从而更加清晰地了解体育教学过程实施与效果之间的内在联系。结合教学问题反馈、分析与解决，通过对体育教学过程中各教学要素的优化调整，能进一步促进体育教学过程的完善和体育教学效果的优化。

一、体育教学评价的概念与本质

（一）体育教学评价的概念

体育教学评价主要是针对体育教师教体育和学生学体育的过程与结果所进行的一种价值判断，体育教学过程则是教师教体育与学生学体育相统一的一个双边活动过程。在这一活动过程中，教师应根据一定的体育教育目的，并根据学校体育教学大纲的具体要求，制订和实施学校体育教学计划，以指导学生的体育学习。通过教师的指导，学生主动学习，使体育教学达到预期的学习目标。

一般情况下，体育教学评价的具体内容通过体育教与学的各个方面展现出来。体育教学的结果是指体育教学活动后，学生对体育课程的学习能力、学习态度以及学习成绩上的变化、发展与提高，体育教学结果的评价也即评价学生学习体育课程之后在这三个方面上的变化，这其中包括学生在体育个性与心理方面的改变，即评价学生在体育课程标准所规定的目标与要求方面所达到的程度。因此，体育教学评价既包括对体育教师教的能力、效果与态度做出的价值判断，也包括对学生的体育学习能力、体育学习成就与体育学习态度各方面的变化所做出的价值判断。

简单来说，对体育教学活动价值及优缺点做出评价的过程就是体育教学评价，在这一过程中，必须具有一定的教学目标和相应的标准作为其判断的依据。体育教学评价是在系统的调查和分析的基础上进行的，学校和教师以教学评价结果为依据，合理调整体育教学过程的各方面环节。

（二）体育教学评价的本质

在体育教学过程中，体育教学评价的目的无非就是关注教学情况，更好地对学生进行教学，提高教学效果。在人类社会中，评价是人类特有的一种认知活动，人类通过评价把握世界对人的价值与意义。某件事物具有某种价值，这种价值具有主观与客观之分，通过评价，人类对某种事物的某种主客观的价值关系进行解释，从而促进事物的不断发展。人类社会中的这种一般评价体现在体育教育领域中，就形成了体育教学评价。体育教学评价是一种按照一定的标准采用适当的方式对体育教学过程中的过程与结果进行的评价活动。在体育教学评价活动中，其评价的主体不仅仅包括教师，还包括学校、社会组织、各级教育行政管理部门，甚至是学生，其评价的客体则是指体育教学的过程、结果以及学生体育能力的提高程度等等。通过这些叙述可以看到，在体育教学评价过程中也存在着一般评价中的主体与客体的价值关系。在进行体育教学评价时，只有明晰以下这三点内容，并且将它们统一协调起来，才能更好地充分发挥体育教学评价的功能，更好地进行体育教学。这三点内容分别是：第一，要明晰教师、学校、各级教育行政部门等评价主体的需要；第二，要了解体育教育的本质；第三，要树立一个正确的体育教学评价的价值观。

二、体育教学评价的内容与方法

（一）体育教学评价的内容

1. 教师评价学习

在体育教学过程中，教师评价最为常见。对于学生来说，这种评价非常重要。评价包括教师在学习过程中对学生进行鼓励，学习结束后，教师对学生的学习结果进行评定。

2. 学生评价学习

在体育教学过程中，学生评价学习的方式主要包含两种，一种是学生的自我评价，即学生自己对自己的学习状况进行评价；一种是学生的相互评价，即学生之间互相评价。这两种评价方式都能够有助于学生自我反省，并且培养形成一个比较客观的态度。在体育教学过程中，教师要鼓励学生多多进行学生评价，促使他们能够更加客观地认识自己、了解自己，同时也能够培养他们形成客观、公正的评价能力。

3. 学生评价教师的教学

在体育教学过程中，学生还可以对教师进行评价，这也是体育教学评价的内容之一。在这种评价方式中，学生可以通过对教学过程进行反馈来进行评价，也可以通过参与教学效果的评价来进行。在当前教育理念之中，这种学生评价教师的教学的环节十分受到重视。

4. 教师评价教学过程

教师评价教学过程可以提高教学质量，形式主要有教师的自我评价和教师之间的相互评价活动。前者和后者都有正式和非正式的形式，既可以是个人评价，也可以是体育组内教师互相评价，还可以是校际评价，时间上有平时性的和集中性的形式等。

（二）体育教学评价的方法

1. 教师的总结性评价

教师进行总结性评价，分析学生的学习效果，是教师对这一阶段教学质量的总结和比较的过程，这种评价主要是以体育成绩评定的方式进行。教师进行总结性评价的内容主要有以下四个方面。

（1）体育态度。体育成绩的分值约为 10 分，评价的内容包括出勤率和态度，评价的方法是出勤统计和主观性评价相结合。

（2）体育知识。体育成绩的分值约为 20 分，评价的内容包括项目知识和锻炼知识，评分方法是理论知识考试和主观评定相结合。

（3）运动技能。体育成绩的分值约为 30 分，评价的内容包括有关运动技能，评分方法是技能考试和主观评定相结合。

（4）运动素质。体育成绩的分值约为 40 分，评价的内容包括速度、耐力、柔韧、灵敏、力量等素质，评分方法是素质测验和主观评定相结合。

2. 学生自主评价

学生自主评价，就是指学生对自己的教学情况进行评判。学生自主评价的标准可以是学生自己选择的目标，也可以是学校制定的一些评价目标。学生自主评价，能够使学生更加清晰地了解自己的学习状况，提高自我认识，同时也能够提高自我教育的能力。

（1）评价内容。自主评价的内容主要有学生学习目标、参与程度、拼搏精神和学习效果。

（2）评价方法。自主评价的方法主要有学生自评、自我反馈、自我暗示等方法。

（3）评价手段。自主评价的手段主要有学生学习目标的复习、学习卡片、成绩前后对比等。

3. 教师自我评价

教师自我评价主要通过分析问题与不足，总结经验教训，是一种自我认识、自我教育和自我提高具有内省机制的评价。

（1）评价内容。教师自我评价的内容是教学思想、个性化的教学模式、教学效果等。

（2）评价方法。教师自我评价的方法是自省、自评、自我总结。

（3）评价手段。教师自我评价的手段是目标的回顾、对比学生前后的变化、听取学生意见。

4. 学生评价教学过程

学生评价教学过程的意义在于随时反馈教学内容，教师根据反馈信息及时改进教学方法和内容，是民主教学的重要体现，教师积极听取采纳学生意见，学生主动提出自己的想法和意见。这种评价方法可以随时进行，没有固定的时间，方便快捷，但需要教师有这种民主的态度和灵活掌握体育教学的能力。

（1）评价内容。学生评价教学过程的内容主要是教师选择的教学内容、设计教学过程、选择教学方法等。

（2）评价方法。学生评价教学过程的方法主要是评课、反馈、建议、要求。

（3）评价手段。学生评价教学过程的手段主要是学习卡片上的对话、意见表、课中随时提问。

三、体育教学评价的特点与原则

（一）体育教学评价的特点

1. 动态性

体育教学的开放性、动态发展，决定了体育教学评价的动态性特征。体育教学评价是针对体育教学的评价，体育教学过程是一个动态的过程，体育教学活动的开展，受多种因素的影响，在体育教学过程中，体育教学中的教师、学生以及体育教学体系的各构成要素都时刻在发生着各种各样的变化，充满了不确定性，因此，体育教学评价不能是一次性的、单一的、某一阶段的评价，必须随着体育教学的开展过程不断做出新的评价，可见这是一个关注师生发展、教学发展的动态评价。

2. 多元性

（1）评价主体的多元性

科学的体育教学评价主体应是多个而非一个。传统体育教学评价中，教师是学生体育学习的评价主体，教师一人执行学生的体育学习评价并做出最终结果评价。这种评价存在的弊端在于教师面临的学生众多，很难做到对每一个学生的全面客观了解，而且教师对所有学生在短时间内集中做出评价，工作量大，受到主观因素的影响容易产生工作倦怠，可能导致评价的不客观、不公正。现代体育教学中的科学教学评价要求评价主体多元化，从不同的角度和侧面对同一个人做出评价，以教师评价为主，重视教师评价、学生互评、自评的有机结合，以及其他评价主体的评价，这种多元性的评价更加客观、平等、公平、公正、全面。

（2）评价方法的多元性

新的教学思想和观点更加重视学生在体育教学中的主体地位，要求教师重视学生的发展，只有这样才能真正促进体育教学的改革与进步。因此，对于学生的评价应是多方面的，在体育教学评价中，应尽可能多地选用适合教学评价的方法，以对学生的体育学习的评价为例，不仅要重视对学生学习效果的评价，还要关注学生的学习过程、技能掌握情况、学习态度、体育意识、意志品质的养成等。总之，评价要做到全面，要涉及方方面面。评价者应熟悉了解各种评价方法的适用情景、优势和缺点，以便于在体育教学评价中能灵活、准确地应用，使体育教学评价更加高效、合理。评价者也应通过不同的教学评价方法来更好地反映学生在体育学习中的不同方面的学习过程、结果，以获得更多、更全面的学生学习信息。

（3）评价标准的多元性

教师应通过多元化的评价标准对学生的体育学习做出不同层次、级别的评价，以便于更加全面地掌握学生的体育学习信息，同时通过多个不同标准的评价描述，做到评价更加精准。

3. 过程性

教学实践表明，单纯重视教学结果的评价并不能真正反映教师和学生的教、学的情况，针对评价对象的“教”或“学”的评价不应该是只注重结果的，不能反映教师与学生的态度和教、学的进步。教学评价的过程性体现了体育教学评价的科学性，因此，应该关注评价对象的“教”或“学”的过程，这也是教学评价强调重视对教学过程评价的原因。

阶段性的、一次性的评价结果是整个学习过程的综合反映，但是很难完全客观地反映每一个学生在体育学习中的进步程度，不同的评价对象之间存在个体差异，可能导致结果性评价是一样的，体现出结果性评价的局限性。

体育教学评价应关注学生在体育学习过程中的进步过程，促进每一个学生发展的体育教学就是科学的体育教学，针对学生的体育教学评价应关注学习过程。

4. 多样性

多样性的评价是专指体育教学方法的多样性选择。对于体育教学来说，学生的学习态度、学习进度、学习成果等表现在多个方面，只使用一个教学评价方法不可能把学生多方面的表现与进步都进行充分的评价，为了评价更客观，应选用多个评价方法进行综合性、全方位评价。

教学评价内容与方法的多样性是相互对应的，具体来说，针对不同的评价内容应选择相应的评价方法，如此才能做到使学生的体育学习全方位地呈现出来，使评价更全面，对学生的了解更全面、深入。

新时期的体育教学课程改革大背景下，体育教学关注师生在体育教学中的共同发展与进步，针对对学生、对教师的评价更加要要求评价的多样性，包括评价内容、评价方法、评价主体等各个方面，更多、更全的评价才有可能是更科学的评价，才能更加真切地反映学生“学”与教师“教”的真实情况。

5. 发展性

体育教学评价的发展性表现在以下三个方面。

（1）体育教学评价旨在促进学生、教师、体育教学的全面发展与进步。体育教学评价的发展性，就是指体育教学评价应重视对评价对象的发展进行评价，关注被评价者的进步性。传统体育教学忽视学生个人的体育发展需要，忽视了学生的健康，教师只重视运动技能的传授，直接导致了体育教学的训练化，在教学评价中只重视学生技能掌握，忽视了学生的体育兴趣、态度、能力以及情感等方面的发展。新时期，在“以人为本”“健康第一”等新的体育教学思想和观念的指导下，明确了体育教学的目的是培养符合社会发展需要的人才，体育教学的多元教育价值被越来越多的体育教学工作者所认识到，这要求评价者应重视学生发展、重视教师发展，而非某一方面的发展。

（2）现代体育教学评价重视教学评价对象的长期发展，而不是某一次课、某一学期的教学中的发展，教学评价的长期发展性评价标准使得整个体育教学不过分注重某一阶段的师生发展不足，而更关注师生的长期可持续发展。

（3）教学评价方法、方式与内容、标准也在不断地发展与进步。教学评价本身的发展可以使针对不同对象的体育教学评价更加科学。

（二）体育教学评价的原则

在体育教学评价过程中，存在着一定的原则，这些原则指导着体育教学评价的进行，对保证体育教学评价的科学性具有重要的作用。体育教学评价一般应遵循以下原则。

1. 发展性原则

在体育教学评价过程中，教师要遵循发展性原则，向学生传授体育方面的基本知识与技能，督促其不断训练，使其能够认知到体育活动的价值，积极地参与到其中。通过体育教学不断增强学生体质，实现体育教学的目标，促进学生的身心全面发展。

在体育教学评价中，要贯彻发展性原则，从心底里建立正确的教学评价观念是必要的。第一，评价是为了推动学生更好地学习，为了促进学生的全面发展。第二，评价服务于教学，它是教学的一种手段，而不是目的。第三，体育教学的评价不能随意而为，而是要遵循体育教学的规律，有规律地进行。

2. 科学性原则

在体育教学评价过程中，要遵循科学性原则，不断提高体育教学评价的科学化水平。要采用更加科学、合理的评价方法对教学进行评价，不断探索，确立比较明确的、科学的评价标准，避免某些失误的产生，例如，评价标准比较模糊、不容易理解、评价程序不严密等等。

在体育教学评价过程中，要贯彻科学性原则，就需要首先做到提高体育教学评价理论与技术的科学性，研读各种教学评价方面的相关书籍理论知识，增长经验与见解，拓宽眼界。其次，还要对这些教学评价方面的理论知识研究进行宣传推广，让更多的人能够了解这些教育评价理论。这样，有利于创造一个比较科学化的教学评价的氛围，促进教学评价的科学化发展。

3. 客观性原则

在体育教学评价过程中，要遵循客观性原则。也就是说，在进行体育教学评价时，要始终公平公正，客观地对待，而不能仅凭个人的主观感受去评价。体育教师不能因为自己的主观因素影响对学生的教学评价。

要想使客观性原则能够更加广泛地适用于体育教学之中，需要做到很多努力。第一，要确定一个具体的、清晰的、明确的评价标准，这样当对学生进行教学评价时就不会将某些主观性因素掺杂进去，这个评价标准还要保持一定的稳定性，不宜经常变动。第二，评价程序要尽量严密，不要有空子可钻。第三，评价主体要有一个比较高的道德素质修养，始终公平公正。

4. 全面性原则

在体育教学评价过程中要遵循全面性原则，是指不能特别地突出其中的某一个方面，而是要更加全面地分析评价指标，做出最恰当的判定。

在对体育教学进行评价的过程中，全面性并不是说不分主次，等量齐观，而是说要在全面性原则的基础上，对于主要项目与次要项目都要进行评价。

当对一个体育教师进行评价时，要尽可能全面地看待所有评价指标，既要看到教师的示范与讲解，也要看到学生的学，这两者统一才是一个真正的教学过程。另外，对于学生学习的效果也要进行评价。因此，我们应该综合地评价教学活动的全过程，整体地看待它们，从而更加全面地进行评价。

5. 一致性原则

在体育教学评价过程中，要遵循一致性原则，对于学生的教学情况要有一个确切的、具体的、一致的标准，根据这个标准来对学生的学习状况进行评价。体育教学属于普通教育，国家颁布的体育课程标准是评价教师教学工作质量和学生学习质量的标准，遵循这一标准对教师的教和学生的学进行评价，才能区分评价对象的优劣。尽管不同的学校的场地设备、师资情况、学生素质等各有不同，但是不能因此而对不同的学校施行不一样的标准，而是要针对这些学生采用统一的标准来进行评价，这正是体育教学评价的一致性原则的体现。

6. 可行性原则

体育教学评价的可行性原则，顾名思义，就是指体育教学评价是否可行，在现实条件下其设计的各项指标能否基本达到。在体育教学中，其评价要遵循可行性原则，评价方案要通俗易懂，简便易行，这样在进行体育教学评价之时才可以更加流畅，也便于上级领导的考察与理解。体育评价的指标要反映体育教学的客观规律，要从体育教学的特点出发进行设置，不能太难，也不能太过容易，过难过易都不利于体育教学评价的功能的实现。

四、体育教学评价体系的构成

（一）评价目的

体育教学评价体系是一个多对象、多因素的复杂系统，评价对象不同，目的不同。

评价目的是评价的依据，是评价的出发点。评价目的的分析与选择是构建科学体育教学评价体系的重要环节。在开始进行教学评价前，必须首先有一个准确、具体的目的。

（二）评价对象

评价对象是体育教学评价体系的重要构成要素之一，没有评价对象的评价体系显然是不完整的。

从体育教学活动参与者的角度来讲，体育教学评价面向四个方面的评价：教师“教”的过程、“教”的结果，学生“学”的过程、“学”的结果。

在体育教学评价体系中，对评价对象的确定受体育教学客观规律的制约，具体来说，体育教学评价只能选择体育教学活动中的一个或多个对象，绝对“全面”的评价是不可能的，教学评价不可能一次涉及多个方面。

（三）评价主体

所谓评价主体，是指参与评价，对评价对象进行评价并作出评价总结的人或机构。

在体育教学评价中，评价主体是多元化的，参与体育教学的主要活动者和体育教育教学工作者、研究者都可以成为评价主体，如教师、教学管理者、学者、管理人员、学生，有时家长也作为评价主体对师生进行教学评价。

要成为体育教学评价主体，就必须具备体育教学评价的能力，了解教学评价的重要性与意义，做好评价信息收集工作，客观、全面作出评价。

（四）评价内容

评价内容，也就是评价的指标体系。在体育教学评价体系中，明确评价内容（指标体系）是非常重要的一个环节，也是评价者应重点研究的问题。就整个体育教学评价研究来看，教学评价内容也是当前完善体育教学评价体系迫切需要解决的问题。

任何一门学科的教学，包括体育教学，在各个时期都对教学所培养的人才有不同的要求，因此，教学评价内容也就必然反映时代发展要求和社会发展需要。

针对不同的评价目标可以选择不同的评价内容，并确定评价指标，如了解学生体能素质发展的各个生理指标检测；了解学生学习态度的出勤率、作业质量等。

（五）评价方法

体育教学评价方法包括教育评价和心理测量的所有方法。它具有层次性，可进行多角度分类并根据实际评价需要进行选择。评价方法是否合理将直接影响评价效果。

第三节　高校体育教学评价的相关因素分析

一、高校体育教学评价实施现状分析

在高校中，体育教学评价始终处在一个非常薄弱的环节，因而当前的高校体育教学评价仍存在不少的问题。

（一）未能适应体育教育目标

在教学过程中，往往都有一个教育目标，这个教育目标与教学评价息息相关，它是教学评价的重要依据。在体育教育中，最重要的目标是为了增加健康，保持一个强健的体魄，但是，在体育教学过程中，体育教学评价却往往以一些量化的体能指标来作为评价的内容，这样，并没有很好地适应体育教育的目标。

（二）标准和内容缺乏科学性

在高校体育教学中，目前教学评价的实施标准与内容缺乏科学性。这主要表现在两方面。第一，在当前的体育教学评价中过于重视结果，而忽视了过程，体育教学评价的指标往往是某些体能指标，这主要是考核的教学的结果，对于体育教学的过程的考核却并没有一个很好的解决方案。第二，当前的体育教学评价忽视了对学生的个性、意志与情感的发展，而只是注重对于知识技能与身体素质的发展。

（三）高校体育教学评价的方法过于单一

目前，在高校体育教学过程中，高校体育教学评价的方法过于单一。一般情况下，评价包含两种方式，一种是质性评价，另一种是量化评价。其中，质性评价就是指“多大程度”“什么样”等方面的内容，它比较抽象，并没有一个具体的数值表现；量化评价则是一种比较具体化的明晰的评价方式。在当前的高校体育教学评价中，最常使用的便是量化评价，采用一些具体明晰的指标来评判体育教学情况，但是却缺乏质性评价，方法过于单一。另外，在高校体育教学评价中，还存在着重视终结性评价，轻视形成性评价的状况。终结性评价主要关注体育教学的结果，而形成性评价主要关注体育教学的过程，也就是说在体育教学过程中，其主要关注体育教学的结果而忽视体育教学的过程。正是由于这两个原因，使得如今的体育教学评价过于单一，无法有效地对体育教学进行评价。

（四）高校体育教学评价的主体不全面

目前，在高校体育教学评价体系中，评价的主体主要是教师，主要是教师对体育教学进行评价，而学校、家庭以及社会对于体育教学的评价参与比较少，而且学生的自评以及互评也还并没有被纳入教学评价体系之中。

二、高校体育教学评价的用途划分

由于出发点和标准不一，学者们对评价的分类各不相同，就教学评价这一领域而言，布鲁姆的分类比较实用。他以评价发挥的作用，即以评价在“干什么”为分类标准，划定了与学校教学有关的常用评价的种类界限。

（一）总结性评价

1. 基本特点

总结性评价，顾名思义，就是对于教学课程进行的偏总结性的评价，在教学过程中，总结性评价主要有三个基本特点，如下所示。

（1）总结性评价的考试范围比较广，不仅包含基本的知识与技能，还包含对于学生的能力测试，其概括性水平比较高。

（2）总结性评价的重点是关注学生是否掌握了某门课程的整体内容，其是否达到了课程的教学目标，评判学生对于某门课程的教学目标的掌握程度。一般情况下，总结性评价主要是在某门课程的学期中或者学期末进行，进行的次数较少。

（3）总结性评价主要是对学生做一个总体的、全面的评价，其评价的目的是对学生在某个教学部分上取得的比较大的成果进行确定，从而对学生的成绩进行判定。

2. 用途

总结性评价的用途有很多种，它既可以用来评判学生的知识与技能的掌握情况，使教师对于教学情况有一个了解，又可以成为之后教学的一个基础，为之后的教学确定一个学习起点，总结性评价还有许多其他的用途。下面，对于总结性评价的用途进行具体分析。

（1）总结性评价可以评定学生的学习成绩，这个用途是最为常见的。在教学过程中，教师通过几次总结性的考试以及对学生的日常观察，可以确定学生的学习情况，对学生的知识与技能的掌握情况评出等级。总结性评价一般是几次总结性考试得出的综合性评价，教师可以综合几次总结性考试的得分并加权，最终评定学生的学习成绩。

（2）总结性评价还可以证明学生掌握知识、技能的程度和能力水平，教师通过总结性评价的结果来对学生的知识与技能水平进行评判。在总结性考试中，往往会设定一个最低分数线，学生如果超过了这个最低分数线，这就表明学生已经通过了这门知识与技能的最低能力水平，可以进行下一步的学习任务。

当采用总结性评价对学生的掌握知识与技能的水平进行证明时一定要十分谨慎，教师一定要掌握十分高超的测试与评价技术。因为，一旦决策有误，那么对于学生的前途将会有着难以估量的影响，不利于学生的后续学习。

（3）总结性评价还具有预知未来的功能。通过总结性评价，教师可以预言学生之后在这个课程以及其他课程中的学习情况。一般情况下，如果某个学生在某门学科内的学习成绩比较好，那么这个学生在这门学科的其他部分以及其他学科中继续获得好成绩的概率是比较大的。当然，这并不一定准确，也可能某个学生只是某一部分的课程学习得好，或者说是对于某一门课程比较感兴趣，这种情况也是有可能的。而且，在不同的学习阶段内，学生的学习能力并不是相同的，学习的进步也不是匀速的。因此，教师通过总结性评价对学生的学习情况进行预测时，要慎之又慎。

（4）总结性评价可以使教师了解学生在某一阶段的学习情况，便于教师确定学生在后续教程中的学习起点。总结性评价可以反映出学生面对下一阶段学习的知识与技能等方面的准备程度，便于教师为之后的教学进行准备。当然，要让教师确定学生的学习起点，仅仅靠某个分数与成绩的数字是没有很大帮助的，这个总结性评价应该还包含一些比较详细、具体的内容，比如“明细规格表”、评语等等。

（5）总结性评价还可以对学生的学习提供反馈。当总结性考试完成之后，学生可以了解到自己某一段时期的学习成果，回看自己的学习情况。学生可以从总结性评价中接收到反馈，如果总结性评价较好，那么学生就会受到鼓励，如果总结性评价较差，那么学生就会针对自己的学习方法与学习态度做出改进，使自己可以做到更好。在下一次的学习过程中，教师就可以利用这一次的经验与教训，从而做得更好。而且，总结性评价也有助于学生明确下一个学期的学习目标。

（二）形成性评价

1. 基本特点

总结性评价比较注重于结果，而形成性比较则比较注重于过程。形成性评价是指教学过程中，为了使教学更好地前进而进行的一种对学生的学习结果的确定。与总结性评价相比，形成性评价较为具体，它并不是对已完成的学习做出的测试与评价，主要还是对学习过程的测试与评价，而且经常性地会对学生的学习过程进行检查，接收来自学生与教师的反馈，通过这种反馈对教师的教与学生的学进行不断改进，以使它们不断地相互适应，最终能够达到课程的教学目标。

在教学中，如果教师或学生经常接收来自教学进程的各种信息，那么教师与学生就会更加了解教与学的实际情况，正视自己，不断改进。因此，无论对于教师还是对于学生来说，形成性评价十分有必要。在教学过程中，教师可以时常组织形成性测试，不断地对学生的学习过程进行评判。利用这些信息，学生能够更加了解自己在学习中易犯的错误，教师也可以更加客观地看待自己的教学方法，从而采取适当的纠正措施，不断提高教与学的效率。尽管形成性评价可以对学生的学习情况进行评判与证明，但是其最终的目的并不是这个，而是改进学生完成学习任务所必备的主客观条件。总结性评价的测试次数较少，主要在期中、期末进行，而形成性评价的测试次数比较多，在某个课题、单元之后都可以进行。在教学过程中，由于形成性评价次数比较频繁，教师与学生都可以接收到源源不断的反馈，然后根据这些反馈及时地调整自己的做法与态度。

总而言之，总结性评价的时间节点是某些课程完成之后，将重点放在已经完成的教学效果上，它是一种“回顾式”的评价；形成性评价的时间节点是某些课程进行时，将重点放在教学的改进与完善之中，它是一种“前瞻式”的评价。当某些学生的形成性评价不尽如人意的时候，这时候就需要启动改正程序，所谓改正程序，其主要内容包含家长与教师对学生的辅导、学生复习相关教材内容并互相讨论等等。

2. 用途

（1）改进学生的学习

形成性评价最重要的一个用途便是改进学生的学习。在教学过程中，教师通常会对学生进行多个形成性测试，然后通过这些形成性测试得到的结果来对学生的学习情况进行分析，如果有某个知识点大部分学生都没有掌握时，教师就可以当堂再讲一遍，组织学生复习，加深学生对这个知识点的印象，如果只有个别几个学生出现某个错误，教师就可以对学生进行个别辅导，或者将这几个学生组织起来进行一个小组讨论，促进学生的学习。通过形成性评价的内容以及教师的评语与批改，学生就可以了解自己的缺陷与难点，从而不断改正。

（2）为学生的学习定步

形成性评价还可以为学生的学习定步。在教学中，每一个单元之间是有联系的，往往一个单元是另一个单元学习的基础，所以必须要掌握好前一个单元的知识与技能，才能更好地学习下一个单元的任务。在教学中，教师通过对学生进行形成性测试，能够使学生循序渐进地掌握接下来的一系列的教学内容。

（3）强化学生的学习

形成性评价还有一个用途便是强化学生的学习，当完成形成性测试之后，学生就会了解到属于自己的学习情况的形成性评价。形成性评价可以对学生起到鼓励作用，使学生能够更加积极地去学习，提高学生的学习积极性。同时，学生也能够从中增强对正确答案的印象与认识，从而强化对正确答案的理解与记忆。要使形成性评价能够真切地强化学生的学习，形成性评价必须要细化具体地指出学生的学习状况，比如教师可以写出一段评语肯定学生的成绩，鼓励学生，同时针对学生一些完成有不足的地方要予以指出并提出改进建议。因此，教师在教学过程中使用形成性测试时，一定要注意不能仅仅是简单地打一个分数，否则很容易会打击到学生的自信心，不利于下一个阶段的学习，要采用一些方法向学生说明情况，鼓励学生，强化学生的学习。

（4）给教师提供反馈

教师对学生进行形成性测试之后，可以对学生的学习情况有一个了解，这样教师通过形成性评价获得反馈，从而可以了解到自己的教学状况，对自己的教学也会产生一个反思。比如，自己使用的教学方法是否正确，自己是否能够清晰地讲解了教材中的概念与原理，教材中的内容组织与呈现是否有结构性等等。教师通过对自己不断地进行反思，从而可以得到一些教学方面的更加清晰的想法，并将它们适用于下一阶段的教学之中去。

要想利用形成性评价来对教学进行改进，教师不能盲目从事，而是要根据一定组织内容顺序进行。首先，教师要设计具体的、科学的形成性测试，然后根据形成性测试收集能够反映学生学习情况的信息，将这些信息进行整合。其次，教师不能仅仅依靠形成性测试与评价来了解学生的学习情况，教师还要在日常的教学课堂上对学生进行观察，了解学生的一些信息，将在学生的课堂行为中获得的信息与通过形成性测试获得的信息结合起来，这样才能更加清晰地了解自己的教学。最后，教师还要对获得的信息反馈进行整合分析，观察每一个人的学习状况，如果只是个别人的某个知识点或者是态度有问题，就针对个别人进行谈话交流，如果大部分学生都存在某一个问题，那么就可能是自己在教学方面产生了某些失误，这时候教师就需要调整自己的教学。

（三）诊断性评价

1. 基本特点

诊断性评价，顾名思义，就是针对某些问题进行诊断，找出问题的根源并进行诊治，对症下药，保证教学的正常进行。在教学过程中，要想对症下药，找到学生学习成功或失败的原因，就需要了解学生的学习情况，了解学生的基础水平，而要想了解学生，诊断性测试是一个很好的办法。医生为病人看病时，其诊断的往往是病症，是“缺点”，但是，在教学过程中，实际上，诊断并不是只对学生的缺点与不足进行识别判断，而是要全面认识学生，对于学生的优点与缺点共同识别判断。教师可以利用前面总结性评价和形成性评价的结果来设计对学生的诊断性测试，也可以单独的设计和进行。

2. 用途

针对诊断性评价来说，处于不同的时间段，诊断性评价的用途不同。如果在教学学年开始之前进行诊断性测试，那么获得的诊断性评价的用途往往是了解学生入学的准备情况，比如学生在进入学年之前的基础知识水平等，然后根据学生不同的情况来安置学生。如果在教学进行了一段时间之后对学生进行诊断性测试，那么这时的主要用途就是诊断出哪些因素不利于学生学习。

在确定学生入学之前，教师对学生进行诊断性评价，能够了解每一个学生的入学准备程度，了解学生的教学起点，熟悉不同学生在语言、认知、情感等方面的缺陷和特点，从而给予学生一些情感方面的支持，采取一些补救性措施，让学生能够积极地参与到教学活动中。

一般情况下，学生入学之前，对学生进行的诊断性测试的内容主要包括学生的家庭背景、语言发展水平、前一个阶段中知识与技能的发展水平、对于学校生活的态度等等。除了通过上述这些内容的诊断性测试之外，教师还可以通过观看学生的履历、分析学生的成绩等多个方面来对学生进行诊断。

三、高校体育教师教学评价分析

（一）对体育教师专业素质的评价

当对高校体育教师教学评价分析时，必不可少的就是要对体育教师的专业素质进行评价。在体育教学中，教师教授给学生体育相关的知识与技能，直接参与体育课程的教学。他们是体育课程的主导者，引导学生开始体育学习，体育教师十分重要，体育教师的素质能够对体育教学的质量产生很大的影响，甚至直接影响到学生的发展。一般情况下，体育教师的专业素质可以分为以下几个方面。

1. 思想政治素质

对于体育教师来说，思想政治素质是他们必须要具备的素质。对于学生来说，教师往往起到榜样的作用，如果教师品德不佳，缺乏思想政治修养，那么学生也就会受到一些不好的影响。因此，在教师要具备的专业素质方面，思想政治素质十分重要。体育教师的思想政治素质包含很多方面，比如道德修养、工作态度、行为习惯等。教师要具备思想政治素质，有一个良好的职业态度，尊重学生，关爱学生，对待工作认真负责，为学生做一个好的榜样。

2. 教师自身发展的素质

对于教师来说，其自身发展的素质也是必不可少的。体育教师要具备自我学习能力，不断学习，不断进步，满足体育教学发展的需求。对于一个教师来说，创新精神也是必要的，教师要不断深化教学研究，不断创新教学方法，让学生能够积极主动地参与到体育教学活动中，促进其身心全面发展。

3. 知识结构素质

教师主要的工作是教学，因此，知识结构素质必不可少。体育教师要不断学习新知识，增加知识储备；要掌握基本的体育知识与技能，不断扩大知识掌握的深度与广度，了解体育教学的基本规律；同时还要掌握学生的身心发展规律，以此规律对学生进行体育教学，促进其身心全面发展。

4. 能力结构素质

能力结构素质，是指教师在体育教学过程中所表现出来的相应素质，比如教学方案的设计、教学活动的组织以及教学内容的讲解等等。体育教师的能力结构素质是决定教学效果好坏的重要因素之一，对提高教学质量有着直接影响。体育教师在体育教学设计和组织方面的能力比较强，那么体育教师就可以更加科学、合理地对教学内容进行安排，激发学生的学习兴趣，更好地展开体育教学活动。体育教师的表达水平较高，那么就能够将抽象的理论知识转化成为直观易懂的信息，更加生动形象地展开教学，使学生能够对体育学习充满热情。

另外，体育教师的身心素质也属于能力结构素质，体育教师的身体素质，是各项工作正常有序地开展的前提条件，同时也能够起到榜样与形象的作用，提高学生体育学习的热情与兴趣。体育教师的心理素质，主要指体育教师的洞察力、思维能力等。

（二）对体育教师课堂教学的评价

在对体育教师进行评价时，除了体育教师本身的专业素质之外，其课堂教学的表现也是一个十分重要的方面。当对体育教师课堂教学进行评价时，既要注重对教学过程的评价，又要注重对其教学活动的有效性评价。具体而言，可从以下几方面进行评价。

1. 课程标准的贯彻

在体育教师课堂上，对教师的教学进行评价时，要注意贯彻对体育课程标准的评价，也就是说，要观察教师的教学是否符合课程标准的要求，教师的教学是否围绕着学习目标进行，教师的教学是否完成了规定的教学内容，等等。

2. 教育教学思想

要对体育教师的教育教学思想进行观察评判，看它是否符合我国现代体育教学的指导思想，是否对学生进行了素质教育，是否促进了学生的全面发展。

3. 教学内容

体育教学内容，也就是体育课堂中教师所传授的知识与技能等内容，在体育教师课堂上，要注重对教师的教学内容的观察，讲解的内容是否符合体育教学标准，是否突出了重点，是否过难或过易，等等。体育教师在进行教学时，不仅需要向学生传授知识和技术，而且还应该注意培养学生学习体育的兴趣和积极性，使其掌握正确的运动方法，并养成终身锻炼的习惯。体育教师要合理地安排教学内容，使之符合学生的负荷量，既要丰富全面，又要突出重点。

4. 教学方法和手段

在体育教师课堂上，还要对教师的教学方法与手段进行分析与评价。体育教学的氛围应当是新鲜的、活跃的，体育教师应当根据学生的实际情况，科学地运用各种体育教学方式和方法来完成体育教学任务。体育教师要采用各种有新意的方法激发学生的学习兴趣，引导他们积极主动参加体育锻炼。教师要以学生为主体，鼓励他们参与到学习中来，不断增进与学生之间的关系。

5. 教学技能

教学技能，就是指教师应当具备的与教学相关的种种技能，比如设立教学目标、创设教学环境等。在体育教学过程中，教师要根据学生的实际情况以及体育教学的相关情况科学地设立合理的教学目标，然后采用多种教学方法来实现这个教学目标。教师要善于根据不同教学内容和要求，合理利用教学资源，创设多个不同的教学情境，使学生积极地参与到体育学习中。针对某些教学中的突发事件，教师要保持冷静，从容处理，保证教学正常进行。

6. 教学效果的评价

对于教师的教学评价来说，教学效果的评价十分重要，它不仅可以为教师提供参考依据，同时还能引导教师不断地改进教学方式，以达到预期效果。教学效果的评价的内容不仅包含教学目标的完成情况，还包括学生的心理与情感体验等等。

（三）对体育教师教学质量评价类型的分析

1. 教师自评

教师自评，评价者和被评价者都是教师自己。体育教师的教学自我评价是一种自我认识、自我教育、自我提高的评价。

体育教师的自我评价的最大的优势在于，体育教师作为课堂教学活动的直接组织和实施者，最清楚整个教学过程，因此能得到第一手的教学反馈资料，教学评价更加直接、快速。

在实际的体育教学评价工作中，体育教师对自身体育课堂教学情况的评价是多方面的，不仅包括每次教学课的评价，还包括各季度、学期的体育教学评价。持续的教学自我评价有助于教师的自我成长。

体育教师的教学质量自评的科学化实施要求如下。

（1）教师应具有良好的自省能力，能通过评价发现问题，并进行有针对性的教学反思。

（2）教师自评的教学跨度是较大的，从每次教学课的评价开始，坚持定期和不定期的阶段评价与反省，不断完善教学技能、技巧。

（3）针对一次课的评价，体育教师的自评主要评价内容集中在教学能力和教学效果的评价方面。

2. 教师互评

教师互评，评价者和被评价者的身份都是体育教师，彼此是同行关系。体育教师的教学互评主要是通过参与听课来实现的，教师在听课过程中和结束后随堂提交评价结果。

教师互评与教师自评的具体内容基本相似，只是评价主体不同，教师之间的互评能有效做到教学评价的专业性，因为一线教师对体育教学的需求、要求更加熟悉，教师的互评还有助于同行之间相互学习、共同提高。但是需要特别指出的是，由于评价者与被评价者彼此是同行、同事，因此，评价结果难免会掺杂一定的感情成分，教学评价难以做到绝对的客观性。

为避免主观情感因素的干扰，体育教师互评要求如下。

（1）从教学具体环节入手，定性评价与定量评价相结合。

（2）用公认的等级和分数进行评价，力求客观、准确。

（3）采用“公开课”或“评议课”的形式进行。

（4）评价者应熟悉体育教学业务、了解教学发展、改革新形势。

（5）教师自评与教师互评结合进行。

在体育教学互评中，为了避免个人情感性的评价描述，同时，也为了做到评价的高效性、可量化评比，通常采用教学评价量表进行教师课堂听课互评。

3. 学生评价

学生评价，评价者是学生，被评价者是体育教师。

在体育教学的双边教学活动中，学生是其中非常重要的一边。学生对体育教师的教学情况最有发言权，因此，让学生作为评价者的体育教学评价是非常重要的一种体育教学评价方式，而且评价意义重大。

通过学生对体育教师的教学评价，能给予体育教师最直接的体育教学反馈。对于教师改进教学过程与效果具有非常重要的促进作用，有助于师生和谐关系的建立，并有助于教师充分了解学生学习中存在的各种问题，以便及时改进。

体育教师教学质量的学生评价具体实施方法如下。

（1）座谈法。

（2）教师随堂和在课后询问学生感受。

（3）调查问卷。

（4）《体育教学质量评价表》。

4. 领导评价

领导评价，评价者是学校领导，主要包括主观体育教学的相关领导，同时，也可以是其他校领导。

在体育教学质量的评价类型中，领导评价是一种重要形式，它属于实质性的评价，对体育教师的职业地位、声誉、收入等具有直接的关系与影响，因此，评价者和被评价者都比较重视。

对比分析来看，相对于教师的自评和教师互评，领导评价具有一定的缺陷性。具体表现在，一些领导并非体育专业教师，对体育教学的需求、要求、标准等不十分了解，教师在课堂教学中的一些特殊安排可能被误解或者注意不到，因此，领导评价缺乏教学评价的体育专业和专项性，可能造成教学质量的误判。

针对体育教学的领导评价，为了做到体育教学评价的客观与公正，通常要求领导评价仅作为参考，结合多个教学评价主体和评价类型进行综合评价。

5. 学者评价

学者评价，其中的学者，主要是指从事体育专业研究方面的学者和体育教学研究方面的学者。体育教学评价中，学者评价能更好地从专业角度对教师的体育教学活动开展情况进行评价，尤其是针对教学中某一个环节和片段的质量和效果能更为有针对性地分析，但是由于学者不是一线教师，对体育教学的开放性和复杂性体会不深，因此，在从整体上对教学做出全面的判断也存在一定的难度。

对体育教师的体育教学质量评价，应综合上述几种类型互为补充地开展与实施评价。

四、高校学生体育学习评价分析

（一）学生体育学习评价的内容

对学生的学习情况进行评价是体育教学评价的重要方面，通过对学生的学习进行评价，能够使得教师对教学任务的完成情况进行更好的判定，不仅能够为教学活动提供必要的反馈信息，还能够对学生起到一定的激励作用。具体来说，对学生学习的评价主要包括如下几个方面的内容。

1. 体质健康

发展学生的健康体质，增强学生的体能是体育教学的重要目标之一。在对他们进行体能考核时，可参考相应的《国家学生体质健康标准》中的各项考核指标，针对不同的年级采取不同的考核标准。（表 4-3-1）

表 4-3-1　高校学生体质健康测量指标与权重

单项评价指标	权重 /%
体重指数（BMI）	15
肺活量	15
50 米跑	20
坐位体前屈	10
立定跳远	10
引体向上（男）/1 分钟仰卧起坐（女）	10
1000 米跑（男）/800 米跑（女）	20
合计	100

2. 学习态度

当对学生进行学习评价时，其学习态度是一个很重要的内容，在体育教学中，最终体育教学的效果受到学生学习态度的影响。如果学生有一个好的学习态度，那么就可以使得教学活动更好地开展。当考核学生的学习态度时，往往有这几个方面的指标。

（1）是否能够积极主动地参与到体育教学活动中来。表现为学生的出勤数。

（2）能否积极主动地思考，为达到目标而反复练习。

（3）是否能够全神贯注地投入到体育学习中。

（4）对教师的指导是否能够虚心、认真接受。

为了科学地测量学生的体育学习态度，可通过亚当斯的体育态度量表来进行测量。学生通过对相应的题目表达“同意”或“不同意”，每条题目确定了相应的加权数，将学生选择“同意”的题目相加，并除以其表示“同意”的题目数，最终确定学生的学习态度。

3. 知识技能

在体育教学评价中，一个十分重要的目标就是学生要掌握体育的相关知识与技能。学生的学习能力、既有知识和经验等方面具有一定的差异性。因此，在进行相应的知识和技能的评定时，也应具有一定的差异性。在对学生的理论知识进行评价时，应注重学生对相应的知识的理解和综合，注重其对知识的运用能力的考核。在进行技能考核时，一般根据相应的量化指标或是体育竞赛的形式进行考核，如对学生的篮球技能进行考核时，可通过规定次数的投篮进行考核；而对于其综合技战术能力，则可通过相应的体育竞赛进行考核。

4. 学生心理健康水平和社会适应能力

体育教学的重要目标之一是促进学生心理健康的发展与学生社会适应能力的提高。积极、乐观、自信，能够很好地进行自我调节和控制，这是学生心理健康状况良好的表现。学生良好的社会适应能力则表现为尊重他人、具有良好的人际交往能力、团队合作能力等。在评价和测量其心理和社会适应能力时，可参考相应的心理学量表进行测量，如症状自评量表（SCL-90）、大学生人格健康调查量表（UPI）等。

（二）学生体育学习评价的类型

1. 教师的评价

教师对学生学习过程的评价，是体育教学评价中一种十分传统的评价方式，这是因为评价的主体是有经验的教师，而评价的对象又是能反映教学效果和教学过程的学生，因此这种评价一直受到人们的重视。过程性评价又称为形成性评价，是指在体育教学活动过程中，为了及时了解情况，明确活动运行中存在的问题，及时修改或调整活动计划，以期获得更加理想的教学效果所进行的一种即时性评价。过程性评价较为重视评价反馈功能的发挥，通过采用各种评价方法与工具经常对学生的学习进行评估，并将结果及时反馈给学生，因而能够实现对教学和学习的有效控制。因此过程性评价具有直接、具体、及时和针对性强的特点。过程性评价所涉及的内容多、方法与手段也十分灵活多样。

过程性评价的评价内容包括学生的行为态度（包括参与意识、课堂表现、努力程度、创新意识、体育课出勤等)，体育知识（包括所学项目的健身价值、基本技术要求以及锻炼方法)，行为能力（包括学习与锻炼的方法、自控能力以及良好习惯的养成)，学习目标，拼搏精神与学习效果。过程性评价的主要方法有激励、表扬、批评、抑制。

过程性评价是获取评价依据的方法，它主要依赖于观察的方法，这种观察的方法就是指教师对学生进行观察，通过观察了解学生的学习情况，来对学生进行评价。这种观察方法主要包含两类。一类是正规的观察，这种观察常常比较细致，采用观察用表来对学生进行观察，但是费时费力，比较麻烦。另一类是非正规的观察，这种方法比较粗糙，但是做起来比较简便易行，因此这种观察方法比较常用。

另外，在体育教学过程中，有时候观察法并不能准确地观察到学生的知识水平与运动素质，这时候就可以采用一些其他的方法来对学生进行过程性评价，比如考试、测验等等。

2. 学生自评和互评

学生自评与互评，是以学生为主体的两种评价方式，自评就是指学生自己对自己进行评价，互评就是指学生互相之间的评价。在对学生成绩进行评定时，这两种评价方式是一个十分重要的组成部分。学生自评是指学生对自己的学习态度、运动技能、情意表现、运动参与以及合作意识等所进行的综合评价。

在学生对自己或同伴的体育学习情况进行评价的过程中，体育教师应当充分发挥学生的主观能动性，培养学生的观察力、判断力、分析能力以及解决问题的能力，提高学生正确认识和评价自己以及他人的能力。

学生对学习过程的评价也包括教学过程与教学效果两个方面，学生的自我评价和相互评价是其主要形式。学生的自评与互评能够帮助学生更加客观地认识自己、认识他人，有助于学生自我反思、自我提高、自我发展，还能够不断提高学生观察事物与分析问题的能力。

通过“自我评价”，学生不仅能够更加客观地认识自己，同时还有助于学生的自我反省与自我教育意识的发展。因此，“自我评价”是体育教师开展教学、促进教学改革的有效手段之一。学生“自我评价”，可以以学校设定的评价目标作为准绳，以自我评价为手段，对个体达到目的的水平进行评判，还可由学生自行决定考核标准。一般情况下，这种以学校确定的评价标准为准绳的“自我评价”，主要适用于期末或学年结束后进行的评价。而学生自己决定考核标准的“自我评价”，则适合于日常性评价之中。

在教学中，学生的“自我评价”的内容有很多，如学习态度、学习效果、学习目标等。学生“自我评价”的学习手段有学习卡片、对成绩的前后对比、对目标的回顾等。学生“自我评价”的方法有自我反省、自我批评、自我暗示等。

不过，当一些学生在进行“自我评价”时，很容易会出现一些偏差。这主要是因为部分学生对自我认识不清晰，过高或者过低地看待自己。而且。如果这种“自我评价”与奖学金、升学等利益相关联，那么这就很可能影响“自我评价”的准确性。所以，在开展学生“自我评价”时，应重视以下几个方面。

（1）不要将它与升学、评优等利益相关联，要将“自我评价”与功利性相分离。

（2）要保护学生的自尊心，学生进行“自我评价”的过程和结果仅限师生二人知晓。

（3）不要将学生的“自我评价”作为一种正式的评价，不要使用它来评判学生的最终成绩，仅仅将它作为一种形成性的评价，来促进学生的学习与发展。

（4）不断使用在书面上进行“自我评价”的方式和方法，比如可以开发“学习卡片”等。

第四节　当代高校体育以人为本的科学化教学评价

一、高校创新构建教学评价体系的原因分析

（一）必要性分析

1. 传统体育教学评价理念已经陈旧

随着时间的推移，社会的发展，人们的生活发生了很大的变化，日新月异。在体育教学方面，也是如此，传统的体育教学评价已经陈旧了，它已经不再适合

如今高速发展的社会了。在传统的体育教学中，往往采用统一的标准来对学生进行评判，将所有的评价对象放置于一个共同的标准与价值要求之下。随着新的教育理念的不断深入，学校体育工作的重心逐渐转到学生身上来，体育课程是为了促进学生的身心健康发展，它是实施素质教育的重要途径，对于全面发展学生有着重要的意义。在这种新的教育理念的影响下，传统的体育教学评价体系也在不断地完善。

2. 传统的体育教学评价体系已不适应新的高校体育教学目标的发展

随着社会的发展，高校体育教学的理念逐渐更新，其高校体育教学的目标也在不断地更新，在 2002 年颁布了《全国普通高等学校体育课程教学指导纲要》，这里明确阐明了高校体育教学目标的内容，其中一共包含五个领域，这五个领域分别是运动参与目标、身体健康目标、运动技能目标、心理健康目标、社会适应目标。也就是说，在高校体育教学中，学生不仅要锻炼身体的运动技能与技术，形成一个强健的体魄，还要保证自己的心理健康发展，并且要能够适应于社会。在传统体育教学中，教师对学生的教学评价并没有形成一个比较规范的体系，它主要是通过书面测试、体能测试、运动技术等方面的手段来展示出学生的学习成果，对学生进行评价。而且，在传统体育教学评价中，终结性评价比较受到重视，过程性评价比较受到轻视，这种统一的评价标准不利于学生个人兴趣爱好的发展，也不利于素质教育的实施。因此，在新的高校体育教学目标的发展过程下，这时候就需要对体育教学评价体系进行创新。

（二）发展趋势分析

1. 科学化发展

在体育教学过程中，体育教学评价发挥着重要的作用，它能够给予教师与学生一个良好的反馈，使他们能够更好地进行教学。随着教学的不断改革，体育教学评价将会不断朝着科学化的方向发展。

就体育教学评价体系的构建来说，体育教学评价方法、内容、标准、主体等的选择和确定都应有一定的科学依据，体育教学评价应遵循体育教学的客观规律，以实现对不同教学对象、教学效果的科学评价。例如，每个年级教学任务有所不同，教师要做出整体教学评价，还应结合每个学生做出针对性的评价；各年级的评价体系并不一致，要做好阶段性评价。无论针对何种对象的评价、如何实施评价，都应当注重科学性，如此才能提高教学的质量和教学效果[①]。

2. 创新性发展

随着现代体育教学改革中对体育教学评价的重视，关于体育教学评价的相关研究越来越多，不断有新的体育教学评价方法与标准被提出来。这些新的体育教学评价方法与标准的执行，为进一步完善体育教学评价体系，反映体育教学过程和效果作出了贡献，有利于促进整个体育教学的发展。创新是体育教学评价的一个重要发展趋势。

3. 可操作性

任何体育教学评价要想做到评价的科学实施、发挥评价的效果，都要注重体育教学评价的可操作性，否则，再好的教学评价方法、内容、标准都只能成为一种空想，无法实施的教学评价没有任何评价意义。

体育教学的可操作性是体育教学评价实施的重要前提和基础，也是未来体育教学评价发展的一个不可改变的基本要求。

二、高校体育教学评价体系建立的准则与方法

（一）基本准则

1. 遵循客观基础

在高校体育教学评价体系建立过程中有一个基本准则，就是要遵循客观基础。也就是说，在评价过程中，教师不能仅凭自己的喜好与主观感觉来进行评判，而是要遵循客观基础，建立在客观的基础上，公平公正地进行评价。如果教师仅凭主观感觉进行评价，那么这种评价体系就失去了它原本的意义，从而造成不准确的评价结果。而且，在教学过程中，如果教师仅仅是主观地对某些事物进行评价，缺乏应有的监督，那么教师就有可能会徇私枉法，从而做出一些不公正、不公平

① 都慧慧，体育教学中过程性评价体系的构建研究[J]. 当代体育科技，2018，8（30）：70-71.

的评价行为，学生们也会受到影响，从而去讨好教师，并不在体育锻炼上花费时间，不利于学生的体育学习。如果长时期采用这种主观的评价方式对学生进行评价，那么在体育教学过程中即便是存在着体育教学评价体系，它也会失去原本的意义。

2. 范围足够广泛

在高校体育教学评价体系建立过程中，还需要注意一个基本原则，就是范围要足够广泛，也就是说，高校体育教学评价体系要尽可能包含足够多的内容，全面对学生进行评价。在对学生进行体育教学测试时，不能仅仅对其进行某一个部位的测试，而是要对学生的整个身体的全面素质进行测试，要对身体的每一个局部进行测试，从而准确地、合理地分析出学生的身体素质的强度。比如，有的人上肢力量比较强，有的人下肢力量比较强，如果仅仅对其中某一个部位进行测试的话，那么就有可能会得出截然相反的结论，从而造成评价结果的不准确。因此，在高校体育教学评价体系中，范围足够广泛也是需要遵循的一个基本准则。

（二）主要方法

要建立高校体育教学评价体系，就要以高校体育教学的目标为导向，将国家的教育政策方针作为设计依据，逐层分解体育教学目标，在这个过程中展现出很强的政策性与技术性，要掌握好主要方法，将具体的评价指标融入高校体育教学评价体系之中。

1. 形成目标层次系统

建立高校体育教学评价体系，要以体育教学目标为导向，将高校体育教学目标进行层层分解，将总的目标分为若干个分目标，然后将这些分目标作为每一个阶段的目标，在不同阶段评价学生时展开具体分析。在分解总目标时，一定要充分了解评价对象，在这个基础上进行分解，要恰如其分。这些分解之后形成的若干个分目标就形成了一个完整的目标层次系统。

2. 归类合并进行指标筛选

上面对体育教学的目标进行分解之后，就形成了一些简单的评价指标，这些评价指标有的能够明显地反映出被评价对象的本质特征，而有的则不能反映被评价对象的实际情况，在这种情况下，就需要进行归类合并与筛选。通过对这些指标进行归类合并与筛选，不仅可以精简指标，同时还可以提高指标的质量。在体育教学评价过程中，教师也能够提高体育教学评价的实施效度。在指标筛选过程中，往往有三种方法：经验法、专家评判法和理论推演法。所谓经验法，很明显，就是利用之前自身的经验来对指标进行筛选，对所有的指标进行综合分析，按照自己的经验，从中筛选出适宜的指标。这种方法由于操作比较简单，常常在指标筛选过程中被用到。专家评判法，顾名思义，就是通过专家的评判来对指标进行筛选的方法。一般情况下，指标设计者设计好初拟指标之后，就会去询问专家的意见，然后根据他们的意见从对指标进行筛选。专家评判法主要有座谈讨论、问卷征询、个别访问等方式。理论推演法，这种方式主要是通过理论的相关研究成果与方法来进行指标筛选的方法。某个学科需要对学生的哪个方面进行衡量时，就需要采用可以衡量学生某个方面的指标。比如，体育需要衡量的是学生的身体素质、运动技能、心理发展等方面就的情况，就需要筛选出符合这些方面的指标，将它们放入指标体系之中。

3. 明确各指标的内涵和外延

当完成评价指标的归类合并与筛选之后，接下来，就需要明确各指标的内涵和外延。设计者要明确教学评价的指标，其中最关键的就是如何将这些要素合理地组合起来。明确评价要素范围定义，这对教学评价实际操作是有帮助的。根据不同类型学校学生身心特点及发展规律，选择适合自己学校实际情况的具体评价指标，这是构建合理科学的高校体育教育教学质量综合评估体系的基础。在设计指标体系过程中，需要将它们用简洁的文字、公式、标准等表达出来。所谓内涵，也就是内在含义，评价指标的内涵，指的就是这个指标所考核的具体内容，它是被评价的本质问题。所谓外延，就是指外在延伸的范围。评价指标项之外延，也就是指指标定义之范畴。不同的教育理论和实践对体育教学评价的要求有所不同。在指标设计中，厘清各项指标项外延，能够让体育教学评价工作中的界定区域变得清晰，切忌评价范围太广，也不宜太窄。评价指标体系包括若干相互关联又相对独立的指标项群，在评价指标体系中，一定要明确各个指标的内涵与外延，这样才能更加准确地进行评价。

4. 用初拟评价体系预评试验

通过前面三个部分，我们已经初步确定了体育教学评价的指标体系，之后我们可以进行一个试验来对这个评价指标体系进行测评，观察它是否能够正常工作，操作是否可行，指标的效度如何，等等。在开始之时，要选择小范围的评价对象来作为试点进行预评试验，通过预评试验，可以得到一些信息反馈，依据这些信息反馈，可以对当前的指标评价体系进行修改，使之不断完善。

三、以人为本的科学化教学评价的构建探索

（一）体育教学价值观的基本阐述

1. 体育价值观的形成背景

体育价值观表现在对体育总体价值的认识。有人认为身体运动是下等人的活动，我国汉代就曾主张文武分治、文武分途。近现代对体育价值的认识已逐渐趋于一致，毛泽东也非常重视体育的价值，积极主张从事体育并身体力行。随着时代的发展、社会的进步，当代体育的价值观已逐步表现出统一性，分歧转移到了对体育价值的具体选择上。

体育的发展过程是对体育价值的认识逐步深化的过程。它的发展历程与体育功能的扩展和对体育价值的认识的逐步深化总是紧密联系在一起的。从心理学的角度考察，人的所有行为的产生都有其心理依据，而需要是诱发动机和产生行为的动因。在古代，人类最开始的需要如果按照马斯洛的需要层次论划分的话，都是处于低层次的需要。因此，人们为了改善生存和生活条件，就必须传授和提高这些技能，这时体育的价值就开始显现出来，由此可见，体育的产生与体育的价值是密切相关的。

社会化程度的提高扩充了体育的价值。随着历史的进步、社会化程度的提高，人们的需要逐渐从低层次向中等层次发展。在满足这些需要的过程中，体育始终扮演着非常积极的角色，展现了它特有的价值。在几千年的中国历史中，虽然体育的发展也遭受过一些挫折，但它总是以其特有的魅力而保持着持续发展的势头。汉代末年，名医华佗还根据人体经络和血脉流通的机理，模仿虎、鹿、熊、猿、

鸟的动作，创编了五禽戏，把医学和体育有机地结合起来，充分体现了体育保健和健身祛病的价值，进一步扩充了体育的价值。

社会文明程度的提高，使体育价值得到了更充分的体现。当人类进入现代社会后，随着社会文明程度的提高，人们在工作中减少了身体活动，体力劳动强度降低，脑力劳动强度提高，许多“文明病”应运而生。为了适应社会的竞争，提高生活质量，人们的体能需要保持，绷紧的神经需要松弛，所有这一切都可以借助体育得到解决。

2. 手段论价值观和目的论价值观

体育的变革在很大程度上都是体育价值取向的调整。这两种价值观都承认以体育动作为手段，可以实现体育的直接目标和间接目标。它们的主要分歧是：价值取向侧重于社会目标，还是满足行为主体的需要。

（1）手段论价值观和目的论价值观的价值取向

手段论价值观认为：运动的目的是以运动为手段来培养社会所需要的人才，体育教学必须根据国家提出教学目标的需要来确定教学内容和设计体育方法体系，其价值取向的重点是因国家需要而规定的。社会目标目的论体育观认为：运动的目的在于运动自身和以运动为手段，使作为运动主体的人得到满足。因此，在教学中就必须根据学生的需要提出教学目标，确定教学内容和设计体育方法体系，使教学手段与教学目标相一致，教学目标与主体需求相统一，这与当前教育界提倡的素质教育思想是吻合的。

（2）手段论价值观和目的论价值观基本内涵的比较

手段论价值观和目的论价值观的主要分歧在价值的取向上，其焦点在于是侧重满足社会需要，还是满足作为行为主体的学生的需要。在行为主体的地位上，两种价值观也有所不同。目的论价值观认为：学生是体育教学活动的行为主体，教学活动要以满足学生的需求为目的。

在个体的发展方向上，两种价值观存在着类似于科学主义教育思想和人文主义教育思想的差别。手段论体育观关注的是运动技能的掌握和合理的运动负荷的影响。而目的论价值观恰恰涵盖了手段论价值观所忽略的范畴，不反对掌握适宜的运动技术、技能和承受合理的运动负荷。

在教学内容的选择上，手段论价值观强调的是体育内容自身的逻辑关系，奉行按部就班，讲究全面系统、整齐划一。目的论价值观在教学内容体系的构建上，主要是从学生的学习需求出发，根据学生实际和教学目标选择教学内容。

在课程结构上，因为手段论价值观追求运动技术的掌握和技能的形成，强调合理的运动负荷，所以课程结构比较固定，组成课程的各个部分比较规范。而目的论价值观在学生掌握知识技能的基础上，重视态度和情意的培养。

3. 体育价值观的选择

体育作为教育的一个组成部分，它的价值观的选择要受到教育思想的指导和约束。根据素质教育的内涵，在体育教学要求上，我们应该如何做呢？（1）要面向全体学生，使所有的学生的健康水平都能够得到提高、身心素质得到发展。（2）突出全面性。（3）突出主体性。给学生更大的活动空间，使之在兴趣爱好的培养、人格的完善、特长的发展等方面拥有充分的主动性，真正发挥他们的主体作用。（4）要突出发展性。奠定身心健康发展的基础，形成终身体育的能力。

从素质教育对体育的要求，我们不难看出，目的论价值观与素质论教育观更为吻合，这是我们今后学校体育的正确方向。

（二）高校体育教学中存在的人本价值观问题

随着社会的发展，教育理念在不断创新，教育方法也在不断地变革，同理，在体育教育领域，其教育理念也在不断创新。起初，体育教育的理念是增强学生体质，后来逐渐变为重视学生健康，最终发展成为注重人的全面发展。这不仅是一种教育思想，更是一种新的发展观。随着这种新的教育理念的诞生，这种以新理念为导向的教学目标、教学内容、教学评价等都随之进行了调整与改变。随着教育观念的转变，新时期高校体育教学改革正在逐步深化，并取得一定成效。但是，根据长期实践，就体育教学改革而言，存在理念脱离实践、理念与实践相互脱节的问题，新的教学理念落实不力，致使我国高校体育课程改革成效不大。目前，在体育课程的教学过程中，存在着一些人本价值观的问题。下面，针对这些人本价值观问题进行简要分析。

1. 教学目标的人本缺失

就高等教育目标而言，始终存在着一个问题，那就是重视培养人才，却不重视如何教会学生成为一个真正的人。在我们的教育中，这种问题十分常见，仅仅着眼于学生的成名成家，将他们培养成某一方面的专门之才，却忽略了教会他们怎样做人，并没有将学生培养为一个真正的有思想、有道德的人。这种以应试为目的的人才培养模式导致学校里出现了严重的应试教育现象，即唯分数论、唯成绩论，轻视对学生的心理、品德方面的培养等。一直以来，由于高等教育目标“社会适应论”的局限，高校仅重视从专业知识方面培养“社会人”，拔高了“社会适应论”的正面意义，却无视其负面影响，不利于学生整体素质的提高。在这种理念下，学生仅仅是一种教育工具，而不是一个真正的人。要想使学生成为一个真正的人，就必须把教育从传统的重视科学知识教育转向重视人的素质教育上来。只有这样，训练出的学生才是科学和人文并重的真正意义上的全面发展的人才。如果仅仅重视对学生的成绩的培养，而忽视了对人本价值观的培养，那么这类人在步入社会之后，往往缺少可持续发展的后劲，不利于之后的可持续发展，同时，也不利于社会发展与进步。在高校中，如果长期使用这种传统的教学模式，而不进行教学改革，教师为了追求升学率，一味地让学生死记硬背教材中的内容，那么人类的精神和文化将会越来越被忽视，不利于人类的可持续发展。就体育教学的目标而言，如果仅注重学生体质培养与专业技能传授，而忽视了学生专业知识之外的培养，这种情况下，他们在毕业后，面对社会的激烈竞争和就业压力，往往会产生焦虑心理，缺乏实践操作能力，高分低能，无法适应社会。

2. 教学模式的人本缺失

（1）传统体育教学模式僵化

传统体育教学模式已经深深扎根于广大教师的头脑中。他们认为体育课只是让学生进行一些简单的动作练习，没有什么实质性内容。在体育教学过程中，很多体育教师都曾有过如此想法。在传统体育课的教学活动当中，体育课以体育教师为主，学生只是在教师的周围打转，听从教师的命令。随着新课程改革的深入，新的教育理念也逐渐渗透到课堂教学活动当中，这就要求我们要改变过去那种以教师为中心的教学模式。在传统的体育教学过程中，整个教学过程往往是教师一个人的活动，没有任何师生互动交流，这是一种机械的教学方式，它忽视学生学习的主动性和积极性，扼杀了学生的创新精神。在这种机械式体育课堂中，往往是教师教得辛苦、学生学得痛苦。由于教室里毫无生机和活力，课堂气氛沉闷，学生昏昏欲睡，十分疲乏，无法打起精神听课，教师看到学生们如此无精打采，内心自然也会不舒服，时间一长，教师们就没激情了，学生也会丧失热情。如果教师可以激发学生对体育学习的兴趣，让学生从内心深处喜欢上体育课，这样，当上体育课时，同学们就会带着兴奋与向往的心情来到体育课现场，不断宣泄自己、热情地表现自己，不受拘束地享受着自我爱好锻炼带来的乐趣，他们能够获得巨大的心理满足。但是，这只是一种美好的愿望，在大部分传统体育课堂上并不是这样的，由于体育课程过于枯燥乏味，教学内容单一，学生们往往会对体育课程产生一种反感心理，不利于体育教学的正常进行。

（2）以考为本的应试教育根深蒂固

在很长一段时间内，这种以考试为主的应试教育成了教育中的一个十分突出的问题，并且造成一系列的不好的影响。其突出表现就是学生学习积极性不高，对学校教育缺乏信心，无法积极地融入教学之中。尽管目前教育领域大力推行人本教育，培养人、塑造人、完善人，但是从当前来看，原有的教育评价体制仍然还在施行之中，素质教育并没有全面渗透入高效的教学之中，还停留在较浅的层面上，没有深入。以考为本的应试教育氛围仍然存在着，学生的学习积极性不高，无法积极主动地融入教学之中。

3. 教学评价内容的人本缺失

目前，我国体育教学评价内容方面也存在着一定的人本缺失。在体育教学领域，我国一直是以运动技术教学为主，过分强调技术动作的规范性，从而降低了体育课程的趣味性，使得课堂氛围过于严肃，不利于激发学生对于体育课程的学习兴趣，降低了体育教学的质量与教学效果。在体育课堂教学内容中沿用的是竞技运动的教材体系，由于难度比较大，更是不利于学生的体育学习。

因此，在体育教学过程中，不能过于重视竞技运动技术的教学，忽略了学生的兴趣，导致学生恐惧体育教学课程，而是应该将体育课程教学内容的科学性与可接受性相结合、将健身性与文化性相结合，激发学生的兴趣，使学生更好地学习。

4. 教学评价方法的人本缺失

在教学评价方法方面，也存在着人本缺失。即便现在素质教育已经被人们广泛接受，但是素质教育的实践与执行却仍然存在着很大的问题。从小学开始，学生们就开始学习体育，在这个过程中，以前那种根深蒂固的应试教育的思想，已经形成了一些比较不好的影响，这使得一部分学生对于体育课程的学习是畏惧的，他们认为体育课的学习就是枯燥乏味的，这种心理不利于现在素质教育体育教学的实施与执行。

在体育课堂上，由于课程枯燥乏味，学生们往往会比较呆板、严肃。但是在体育运动场上，或者在观看体育运动赛事时，学生们又往往表现得比较积极，展现出一种比较活跃的状态。这二者形成了很明显的反差，产生这种反差的原因主要就是目前体育课程的教学存在着人本缺失，并没有切实地到学生中去，没有受到学生们的喜欢。目前，在体育课程教学过程中，教师仍然是在围绕着考核进行教学，学生也是在为了成绩而学习，这种不合理的教学评价方法，使得学生逐渐对当前的强制性的体育教学产生厌倦，从而不利于学生的体育学习。

在高校体育教学过程中，其教学评价方式主要包括三项，这三项分别是平时成绩，技术考试成绩，体育理论考试成绩或者也可以说是素质测试成绩。平时成绩，也就是学生上体育课程时的出勤率，课上表现等。在对学生进行评价时，这三者中技术考试成绩占据的比例最大，约为 60%~90%。这三项中分别占据比例为：平时成绩约占 10%~20%，技术考试成绩约占 60%，理论考试成绩占 30% 或 20%。但是有时候在体育课程考试中，这三者并不是都有，有时候没有体育理论考试成绩的时候，技术考试成绩所占的比例就比较大一些，为 80% 或者 90%。随着体育教学的产生，这种评价方式已经应用了很多年，尽管体育教学已经进行了多次的改革，但是这种旧的评价方式仍然在使用着。

这种旧的体育教学评价方式用成绩与数据来对学生进行评价，是一种定量的评价，看似比较公平，但是实际上，这种评价方式比较笼统，并不能真正地反映学生的学习情况。它仅仅是对学生的学习知识与技能做了判定，对于学生的情感、心理、合作与交流、创新能力等都没有进行判定。这种体育教学的评价方法不利于学生的体育学习。

5. 教学评价主体的人本缺失

在体育教学评价的主体方面，也存在着人本缺失的问题。在教学中，学生应当是主体，但是学生的这种主体性总是会被忽视。第一，在课堂教学评价中，往往只是对教师教学的评价，而忽略了学生。要注重学生的主体性，还应该注重对于学生的评价，要同时考虑学生与教师两方面的活动。第二，在对学生进行评价时，往往是教师来进行评价，而学生自己往往被排斥在外，被动地接受结果。要注重学生的主体性，应当要使学生参与到评价之中来。

（三）高校体育教学人本价值观问题的纠正

1. 充分发挥体育教学评价的反馈功能

体育教学评价的反馈功能是体育教学环节中的一项基本功能，在实施体育教学评价的过程中，应把教学评价与体育教学的其他组成要素有机地结合起来，不能只是为了评价而评价。要将教学评价与预设的目标紧密地联系起来，如果评价情况良好，那么预设的目标是合理的；如果评价结果不理想，那么教学预设与教学准备就存在较大的问题，需要进一步调整思路，检查是否在教学环节和策略上出现问题。能够指导教学实践工作，这样的评价才具有真正的意义与价值。

2. 建立科学全面的评价体系

教学包含教师教与学生学两个方面，因此教学评价也应该从这两个方面进行。目前有关学生学习评价的研究较多，但有关教师教的评价主要集中于课堂教学评价，有关教师教的评价与学生学的评价内容难以实现全面、科学的目标。因此，还有待深入研究教师与学生有关教学方面的评价，建立一套较为客观的、全面的评价体系。

3. 凸显评价内容与方法的表述

在体育教学评价内容方面，要想体现人本价值观，就需要考虑一系列的问题，体现人本价值观的内容有哪些，如何将它们融入体育教学评价中，如何搭建框架等。

在教学评价内容方面体现人本价值观，就是要增加对学生进行德、智、体、美、劳全方位的评价，更加全面地评价学生，推动学生均衡发展，以人为本。在体育教学评价方面，不能仅仅重视以往所关注的技术评价，还要从体育情感、体育审美、体育合作、学习态度、学习反思、学生素质、心理健康等各个方面进行评价，注重学生的全面发展。

与过去相比，如今教学评价内容已经拓展很多，开始涉及学生的方方面面，其评价的范围变得更加广了，由之前仅仅是对某些技术的评价，增加了对学生德智体美劳各个方面的评价，对于学生的学习成长方面的情况能够更加全面客观地进行评价。在技术考试方面，其考试的项目增多了，学生可以自由地选择自己喜爱的或者适合自己的项目进行考试，为学生提供了更大的选择空间，学生的学习积极性有所提高。评价方法也变得越来越多样化，之前的定量评价过于单一，在新时期下，我们应根据不同的对象来选用适当的评价方法，并注意各种评价方法之间的联系，利用多种评价方法来评价学生，并且尽可能做到高效、科学、客观，更加真实地体现学生的学习成长情况。对于学生来说，这也是贯彻和落实人本价值观在体育教学评价中的一个重要表现。

（四）高校构建以人为本的科学化教学评价方法

1. 明确高校体育教学评价改革的趋势

（1）高校体育教学评价由单一向多元化方向发展

之前，高校体育教学评价往往是对学生的技术水平进行评价，采用的是较为单一的评价方法，这种单一的评价方式无法保证结果的准确性，无法真实客观地对学生进行全面评价。因此，要想提高教学评价的信度与效度，就必须要将体育教学评价逐渐向着多元化方向发展，将各种评价方法综合起来应用。

（2）高校体育教学评价由重视评价结果转向重视评价过程

就目前高校教学改革发展趋势而言，在教学中学习过程越来越受到重视，学生的实践能力与创新精神也越来越受到重视。在高校体育教学中，也要顺应这种发展趋势，以促进学生更加全面和谐地成长。在体育教育观念深刻转变的今天，不仅要注重体育知识与技能的教学，还要注重这些体育知识理论与技能的融会贯通；要重视发展学生的个性，培养其创新精神，不断发展其创造才能；要注重学生对于体育知识的应用。在这样一个大背景下，高校体育教学评价要顺应趋势，从注重评价结果到注重评价过程转变，更加客观、全面地评价学生。

在教学过程中，要对学生进行评价，不能仅仅对某一个单独的内容进行评价，也不能只使用某一种单一的评价方法，要使每一个学生在各自不同阶段得到最大程度的发展，就必须进行全方位综合的教育评价。除了要对专业知识进行评价之外，还要对学生的情感、意识、行为、心理等种种方面进行评价。在高校中，每一门科目都应该如此。在对学生进行评价时，要选用能够全面、合理、科学地反映学生的整体发展状态的评价方法，将教师评价与学生互评、自评结合起来，将定量评价与定性评价结合起来，注重各种方法的综合利用。

（3）以知识为本、以教材为中心向以人为本转变

在很长一段时间内，我国的教学始终都是以知识为本、以教材为中心，教师向学生讲解教材中的知识，学生被动地接收知识，双方之间的互动交流比较少。这种传统的教学方式比较枯燥乏味，课堂氛围往往死气沉沉，降低了学生的学习积极性。它往往只是注重对于学习知识的传授，而对于学生能力的培养比较少，在这种教学方式中，教师占据主导地位，学生的主体性被忽视。

随着改革开放的不断发展，教学理念也在不断地创新发展，之前那种传统的旧的教学理念逐渐不再使用，如今新的教学理念开始在各个高校盛行。新的教学理念就是以人为本，以学生为中心，强调学生的主体地位，在这种新的教学理念的发展之下，教与学的关系也在不断地发展变化，教只是手段，学才是目的，不断提高学生的积极性，培养学生成为具有创新精神与实践能力的人才。

2. 实现评价主体的多元化

在以往的教学评价中，教师往往占据主体地位，学生只是被动地接受评价，随着教学的不断改革与发展，这种单一的教学评价主体逐渐发生了改变，学生也参与到教学评价之中来，评价主体变得越来越多元化。目前，国际上，参与体育教学评价的主体不仅是学生和教师，还包括学生家长、社会、专业研究人员等。这展现出体育教学评价的民主性与人性化。

学生参与到教学评价之中，是教学领域的一大进步，这意味着学生主体地位的提高，学生与教师不再是管理者与被管理者的关系，双方应当是协同合作的关系。学生通过自评与互评，能够更加清晰地认识自己，了解自己的学习水平，有

利于自我反思、自我教育、自我发展。同时，学生也能够更加理解教师，有利于增进双方之间的友好关系，促进教学的顺利进行。

3. 实现评价中心的转移

在以往的教学中，往往着重关注教学的结果，通过对教学结果做出分析与评判，来对学生的学习情况进行评价。目前，教学的评价中心发生了转移，不再是以教学结果为中心，而是以教学过程为中心，这是体育教学评价改革进步的反映。要构建以人为本的科学化教学评价方法，就需要关注学生的学习过程，了解学生的学习过程，发现学生的进步。要了解学生的学习过程，对其做出准确的评价，就需要采用多种形式，比如提问式、阶段性测验等。在教学中对学生进行提问，根据学生的回答来分析学生的学习情况，看看学生是否明确问题所包含的知识，是否认真思考等。在每一个课程阶段完成之后对学生进行阶段性测验，可以考查学生在不同阶段的学习情况，对哪一个阶段掌握情况较弱等。另外，在期中、期末还要对学生进行终结性测试，对教学结果做出评价。只有将教学过程与教学结果结合起来，才能够更加全面地反映学生的成长，促进学生的可持续发展。

4. 实现评价方法的多元化

过去，在传统的教学评价中，往往比较强调量化评价，这种评价方式主要运用一连串的数字来说明学生的学习状况，比较追求精确性，但是实际上，它对于学生的学习情况探究得并不深入，仅仅只是在表面的层次上进行研究，比较简单化。它忽略了学生的个性发展，将所有的一切归根于一连串的数字，这使得体育教学评价失去其应有的价值取向和教育意义。

与传统的量化评价相比，质性评价方法具有全面性和深刻性，它能够更加全面、深入地评价学生的学习情况，常常与量化评价结合使用。目前，在体育教学评价中，评价方法逐渐由过分注重量化评价向着质性评价转移。在体育教学评价中，二者结合起来，运用多种评价方法，有助于更加明确、清晰地对学生进行评价，促进学生的全面发展。

5. 实现评价功能的转化

在进行体育教学时，评估学生的学习情况，不只是对学生的学习表象进行研究，也要力求由表及里地了解学生的内在变化，分析其成因，从而对每一位学生进行客观的评价。在这个过程中，学生也可以更加清晰地认识自我、了解自我、评价自我，不断开发潜力、施展潜能、促进自我的完善和发展。每一个个体都是独立的，他们有着不同的个性、兴趣爱好、家庭情况等，教师要尊重每一个学生的差异，关注不同层次学生之间的个体差异，不能用统一标准去衡量所有的学生。教师要考虑到个体间的差异性，在对学生进行考核时，要尽量凸显学习主体的个性特点，将过程和结果结合起来，根据不同层次、不同水平的学生特点，制定相应的评价标准。更加综合性地评价学生成绩。教师要尊重学生的个体差异，对于体育基础不是很好的学生，要关心他们，帮助他们建立自信，让其切实感受到体育学习所带来的价值，尽享健身之乐。

原教育部部长陈至立强调，要提高青少年的健康素质，坚持以人为本的科学发展观，将青少年体质健康状况列为考核教育工作的重要指标。在体育考核评价中，不能一味地以绝对评价标准为准，而是要不断发展学生个性，为学生设置更多不同的考核项目，增大学生的选择范围，激发学生的学习热情。同时也要注意到考试不能代替学生的发展需要，不能以高成绩作为培养学生的根本目的。如果仅仅注重成绩和名次而忽视了对学生能力的培养和发展则会使他们失去自我价值感，甚至丧失自信心。因此，在体育教学评价过程中，要增加学习过程评价所占比例，以学习过程和综合表现的评价来对学生进行全面的评价，增强学生在体育学习过程中的价值感。

第五章　当代高校体育科学化教学方法的创新

本章节内容为当代高校体育科学化教学方法的创新，分为四部分内容，依次是体育教学方法概述、高校体育教学方法的发展、高校体育教学方法的选择与应用、高校体育科学化教学方法的创新实施。

第一节　体育教学方法概述

一、体育教学方法的本质

体育教学方法具体是指在体育教学过程中，为了达到体育教学目标和实现体育教学目的而由师生所采用的可操作性的教学方式、途径和手段的总称。针对体育教学方法的含义，可从以下几方面加以理解。

（一）体育教学方法是“教”与“学”的统一

体育教学方法是指将教师的“教”与学生的“学”统一起来，实现师生双方的有效互动。只有这样体育教学方法的价值才能更好地发挥出来。体育教学活动包含两个层面，一是教师的“教”，二是学的“学”。教师和学生二者在教学活动中都占据着主体地位。所谓体育教学的方法和手段，都是教师对学生实施和运用的，通过在教学中师生间的互动，最终实现体育教学的任务和目的。所以，“教”与“学”是体育教学的两个方面，贯穿于体育学习的始终。

（二）体育教学方法是师生动作和行为的总和

教学方法通过师生互动来落实和执行，在体育教学中，方法又是教师和学生间行为动作之和的体现。体育教学方法具有一定的科学性与实践性，和其他学科最大不同是，除了教学语言要素，体育教学方法更关注动作要素。动作技能是体育教师必须具备的基本技能之一，在进行体育教学时，教师需要演示、说明和更正各类动作，并以此为基础，督促同学们反复练习，以便很好地掌握相关技术动作。所以说，体育教学方法就是教师与学生动作与行为的总和。

（三）体育教学方法与教学目标不可分割

任何教学方法都有其目标性，如果没有目标，那么，体育教学方法便失去了它的存在意义。体育教学方法和教学目标是紧紧联系在一起的，教学方法实施要能促进体育教学目标与任务的完成。同时，体育教学方法又是对体育教学过程中各种要素进行有机整合的手段。所以说体育教学方法是体育教学中的一个重要环节，它是为体育教学目标与任务服务的。体育教学方法与体育教学目标存在着某种不可分割性，若将两者分离，则体育教学方法定位不清，导致某种盲目性；而体育教学的目标与任务若没有教学方法的帮助，那么就不可能最终实现。

（四）体育教学方法具有多元化功能

现代体育教学不只重视学生对动作、技术等方面的掌握，也不仅是使学生身体素质得到加强，它更加关注学生的全面发展。从这个层面来说，体育教学方法呈现出多元化发展，它不但可以在一定程度上提高学生的运动能力，也可以培养学生良好的心理素质，提高其道德品质。对促进学生全面发展起着不可忽视的作用。

二、体育教学方法的特点

（一）实践操作性

与其他学科不同，体育学科的学习更多时候需要学生进行各种各样的身体练习，所以，在实际教学中，教师在选择教学方法时，要适当考虑学生身体活动开展是否具有可操作性，同时还应该考虑客观的教学条件是否可以为体育教学活动组织提供必要的物质支持。

体育教学方法的实践操作性受体育身体活动的基本性质影响，同时，也受到学生的体育活动参与形式的影响。教师选择与设计教学方法，应结合具体教学实际对教学方法进行必要的修正，如果教学方法中的某一个环节和形式安排可能在接下来的教学活动开展中受阻，则教师应该灵活变通。不能让教学方法停留在理论层面，应落到教学实践中，符合教学实际。

（二）多感官参与性

体育活动的开展过程是师生的身体活动参与过程，教师与学生进行各种体育技术动作示范、练习，都需要充分调动身体各部分的组织和系统的功能，整个有机体各个器官和组织、系统都要充分调动起来。例如，教师通过动作示范教授学生某一项具体的体育运动项目的技术动作，学生要利用眼睛去看动作，利用耳朵去听讲解、利用肢体去感受动作感觉，因此，体育学练的过程，也是学生有机体多感官共同参与的过程。

在体育教学中，为了获得良好的体育教学效果，体育教师在选择和运用教学方法时应注意教学方法是否能充分调动起学生的多种感官的积极参与，优化教学效果。

体育教学方法对学生的多感官的体育调动与参与主要表现如下。

（1）学生对体育运动的参与和学习，需要调动记忆与想象能力，以及思维、感悟能力。这就要求学生用眼睛去观察，用耳朵还有触觉、动觉等器官感受运动的方向、用力大小及动作幅度，形成正确的动作定式。

（2）在形成正确的体育动作的基础上，大脑会通过自身思维活动，对所接收的信息进行分析，同时，指挥身体各器官协调合作，完成对应的动作。并通过对技术动作的不断重复，最终实现动作技术的准确和精细化。

（三）时空功效性

根据学生的学习认知规律和动作技能形成规律，体育教学方法的各教学实施阶段都表现出体育活动的时空性特点，以及教学的时空特点。

体育教学开始阶段，教师作为教学主导者，指导学生进行相应的学习活动，进行相应的分析、示范和指导。

体育教学期间，教学活动的主体发生了相应的变化，学生的主体作用也在不断增强，学生通过认知、分析和练习，掌握相应的知识和技能。

体育教学结束阶段，教师进行相应的总结和分析，对学生的学习过程、学习效果进行客观、全面评价与分析，并预告下次教学内容，实现本次课与下次课的时空有效衔接。

（四）动静交替性

体育运动教学与训练应保持动静结合，这主要是受运动者个体运动负荷承受范围的影响，是体育教学的基本规律和特点。

体育教学方法的“动”即指技能训练，体育运动技能的学习与掌握必须通过实实在在的身体练习来进行，体育教学过程中的各种体育教学方法都是为了促进学生更积极、高效地去参与各种身体活动，通过体育活动实践来掌握体育技能。

体育教学方法的“静”即指合理休息。体育教学期间，学生的身体会承受一定的负荷，不断受到外界或自身力量的刺激，长时间会导致疲劳影响学习效果与质量，这时需要安排学生进行合理休息，包括积极性的休息和静止休息。安排休息时，应注重积极性休息和消极性休息的结合。

（五）师生互动性

体育教学活动的开展，需要教师和师生共同参与，教学方法的选择不应该只是组织活动让学生参与，还要教师在体育教学活动中，能适时地融入学生的训练、发现、探索活动中去，及时给予学生正确的教学指导。教学方法的应用应有助于教师、学生的体育教学活动的积极参与，并促进师生互动。

三、体育教学方法的分类

（一）视觉信息类体育教学方法

视觉信息类体育教学方法就是体育教师或学生以视觉为主，获取相关教学信息。在体育教学活动中，教师和学生都可以利用各种形式的视觉系统获取知识和技能。视觉信息包含的人的身体信息，如做动作；抑或是实物信息，如教具、标志物、教学视频资料等。视觉信息的特点是鲜明、生动、具体，是人认识实物的重要信息来源。运用大量视觉信息，是提高体育教学效果的有效手段。按信息源的不同，分述两种不同的体育教学方法。

1. 以人体本身为信源的视觉信息类体育教学方法

（1）以体育教师为信源的体育教学方法

此类手法包括示范，手势、脚步、目光、表情等，每一种手法均有不容忽视的特殊效果。

对运动技能的教学，教师动作示范意义重大。它能把各种复杂多样的技术要领以清晰的形式表达出来，为学生的练习提供明确的方向。运动技能的初步形成阶段，教师动作示范要正确、美观、轻松自如、完整、常速。它是学生正确运动概念得以形成的先决条件，又能够激发学生学习动力，令他们产生跃跃欲试的积极学习心理。同时，教师还应提前教会学生做好心理准备，学会观察什么、怎么观察、为什么要观察，以确保学生接受信息的质量和效率。教师在教学中应选择合适的示范位置与示范面，确保每一个学生都能看得清清楚楚、明明白白。在动作技能形成的第二阶段（对动作阶段进行完善与改进），体育教师在教学过程中，应结合学生实际，采用不同的动作示范方式，完成教学任务。例如，为了完成某一特定练习，可以进行不同类型的动作组合示范。可进行慢速示范，以增强学生的观察和分析能力；可进行正误对比示范，提高学生的判断能力等等。当然，在这个阶段还可以进行常速示范以及完整示范，动作示范要让每一位同学都能一目了然。

（2）以学生为信源的体育教学方法

这类教学方法包括有身体练习、脚步、表情、眼神等其他各种方式。对身体练习来说，要根据学生对动作的掌握情况和运动的复杂性，来确定做动作的方式，是分解做还是完整做。一般来说，完整法适用动作结构单一的动作，分解法适用结构复杂的动作。在体育教学中，第一个阶段是动作技能形成的阶段，学生只要做到不出现明显的动作错误，能够完整完成基本动作结构就可以了。第二个阶段是运动技能提高的阶段，需要学生更加娴熟、更加精准、协调一致地完成整个运动过程。在这个过程中，学生应具有良好的身体姿势和正确的用力方法。第三个阶段是运动技能的巩固阶段，需要学生在不断变化的条件下，依然可以做出娴熟、精确的动作。在动作技能发展的各个阶段，学生在完成动作时的要求和层次各不相同，它不仅体现了学生学习的成果，也是对教师教学的反馈。在实际教学中，教师要注重激发学生的身体练习的动机，增强神经系统兴奋性，改善内脏器官功能，确保注意力集中，以提高学生的学习效果，改善反馈信息的质量。

从学生运动技能学习方式上来看，通常要主要采取完成动作的正确方法，但是，当特别需要，亦可慎之又慎、少量使用试错动作。应该注意，这个时候一定要让学生知道这是错误示范动作。

2. 以实物为信源的体育教学方法

就体育教学而言，利用实物作为信源的途径有很多。比如，利用教学挂图、放置各种色彩的灯泡、展示教具模、设定不同的标志物、画出形态各异的明快线条、播放教学录像资料等。包括挂图、模型、幻灯、电影等录像资料在内的信源，它们能让学生在较长时间内认真观察，尤其在空中动作及行动细节方面，有利于运动表象更加清晰，概念形成更加精确。而标志物、线条、灯泡等信源，主要是为学生指明行动方向，动作的幅度和完成目标，这种信息对体育教学仅起到辅助作用。在实践中，应将以人体为源、以实物为源这两种体育教学方法相结合，妥善处理好人与物之间的关系，才能取得比较好的教学效果。

（二）听觉信息类体育教学方法

这种体育教学方法，是指体育教师教学与学生学习主要靠听觉来获取相关体育教学信息。听觉信息的来源又可以分为人体（教师或学生）与物体（哨子，鼓，节拍器，录音机等）。以下就听觉信息类体育教学方法分别进行阐述。

1. 以人体为信源的听觉信息类体育教学方法

通过人体发出的听觉信息，分为外部信息和内部信息两种类型。其中外部信息包括语言讲解、口令、评价、击掌等；内部信息包括无声的语言——默诵、自我暗示等。在教学中，对体育教师而言，主要用到的是外部听觉信息；但对于学生而言，主要是外部信息和内部信息的结合运用，它们在学习活动中具有近乎相同的意义。

（1）讲解

所谓讲解，即体育教师通过语言文字给学生讲清楚课本的内容、动作要领、自我保护的方法等。教师在讲解时，语言一定要科学、鲜明、生动简洁而富有启发性，同时还要倾注教师的情感，“晓之以理，动之以情”。教学过程中，讲解的基本要求，就是提高语言的艺术性，增强表达能力，以准确地揭示教学内容、抓住重点难点。具体的讲解方法分为：分段，概要，侧重，对比，提问，引证，鼓动，复述等。

（2）口令

口令是用一种最简明的语言，传达最直接的动作指令。喊口令是体育教师必须具备的一项基本功，它需要声音洪亮，口令正确。

（3）评价

它可以通过教师的口头语言来评价学生，还可通过学生的口头语言相互评价。口头语言评价有三种形式，既可以即时评价、同时评价，又可以进行延时评价。站在信息传出和接收有效性的角度，应当尽可能使用即时评价或同时评价的方式。

（4）击掌

教师在体育教学活动中采用击掌的方式，如教师用击掌来把握舞蹈的节奏。

（5）默诵与自我暗示

在体育教学活动中，教师和学生都可以采用默诵和自我暗示的方式进行教与学。比如，教师课前就要默默思考课上给学生讲解什么以及怎么讲解；学生在做某一个动作之前也要先思考怎么做，然后再去完成（这个方法叫作思维运动）。同时，学生练完之后，还可以回想一下自己动作的完成程度（这就是所谓的运动思维）。所谓自我暗示，就是学生不发出声音，在心里默念的自己应该怎样去做。比如，命令自己“深呼吸，保持安静！”这个方法同样适用于心理放松练习。

2. 以实物为信源的听觉信息类体育教学方法

（1）录音机的使用

录音机的使用范围很广。例如，播放广播体操口令，让学生跟着做操；在健美操、韵律操、舞蹈等课上播放乐曲，帮助学生练习。

（2）口笛的使用

笛声是在集合，集体练习中经常使用听觉信息，个别体育教师也用笛声对学生学习活动进行指挥。笛声各不相同，代表意图亦有所不同，同学们听了以后，就会跟随笛声做一些相应的动作。

（3）节拍器的使用

利用节拍器能让动作按一定节拍完成，对学生形成精准的动作节奏和把握动作速度感具有重要意义。

此外还有击手的鼓声、发令枪声和电铃声，均为听觉信息，对师生教学活动产生影响。它们都是采用实物作为信源，听觉信息类体育教学方式。

（三）动觉、触觉、本体感觉信息类体育教学方法

此类教学方法的特点是，通过动觉、触觉和本体感觉来获得有用的信息。这些信息的来源不一，可能是来自学生本身，也可能是来自教师或其他同学。学生在做动作时，可以通过这类方法获得对用力方向、动作幅度等信息的反馈，以纠正错误姿势、维持身体平衡等。

1. 信息来自学生机体的教学方法

（1）动觉信息类

所谓动觉信息，实际上就是通过动觉中枢接收信息的一种学习方式。比如，做跑跳、投掷器械等动作时，提高动作的速度感，实际上都是动觉中枢在发挥作用。

（2）触觉信息类

通过触觉信息纠正动作，也是一种学习方式。比如，踢足球时，根据脚接触球发回的触觉信息，可以帮助纠正和改进踢球的技术动作。

（3）本体感觉信息类

凭借肌肉的本体感觉，接收动作反馈信息，进行纠正。比如，在做倒立动作时，凭借肌肉本体感觉感知到要失去平衡时，可以及时移动中心来保持平衡。

2. 信息来自他人的教学方法

（1）动觉信息类

这是一种通过运动中枢来接收信息的学习模式。比如，练习单杠挂膝摆动时，学生在他人的帮助下，运动中枢能接收和感知到摆动动作的方式。如此实践数次

后，不借助别人的力量，学生也可以自主完成这一动作。

（2）触觉信息类

这是一种通过触觉来感知外界信息的学习方法。比如，做两臂侧平举的动作时，在教师的帮助下完成正确动作后，学生会领会到双臂侧平举时的姿态和动作体位；又如做肩肘倒立的挺髋动作时，教师适当扶持以下，学生就能够从触觉中感知到如何做正确的动作。

（3）本体感觉信息类

这是一种通过体外信息进行本体感觉知觉的学习模式。比如，在学生完成倒立动作即将失衡的情况下，教师帮他挪动了身体姿势并恢复了身体的平衡。如此反复多次，同学们可以熟练掌握这一倒立动作。

另外，有些教师还运用“双簧教学法”，一人演示，一人解释，让学生视听同步参与教学活动，教学效果较为显著。

以上就是从体育教学的信息传递和接受角度出发，对体育教学方法进行简单的分析。从此简析可见，体育教学方法不仅仅是如何教学的问题，它还包括了来自学生的认知信息以及教学成果的反馈信息，它们都是体育内容的一个重要组成部分。体育知识、技能中包含了体育教学的方法。所以我们一定要将体育教学方法的研究同体育知识、技能的研究结合起来，做到一样的重视。不同的体育教学方法与途径有着其独特的功能，加强彼此之间的相互配合，能使其发挥更好的作用。

第二节　高校体育教学方法的发展

一、高校体育教学方法的稳定性发展

因为教学技术是体育教学方法的主体，和其他技术一样，体育教学中的教学技术（方法），也同样在不断发展与进步。体育教学方法的进步，除源于科技的进步之外，同时也受体育教学内容开发、体育教学理论的不断发展以及学生的成长和改变等方面因素的影响。所以，在不同时期，教学方法会呈现出不一样的特点。

（一）科技进步促进了体育教学方法的创新

科学技术发展迅速，在不断丰富和方便人们日常生活的同时，在其他领域也发挥着重要的作用。在体育教学中，科学技术的进步对其教学方法的影响是极其深远的。随着计算机技术的不断进步，它在教学中的应用更加广泛，促使体育教学中的动作示范更标准、科学，资料的搜集、整合更加便捷，并且学生在学习空间和时间方面的限制减弱，实现了实时的信息沟通。通过运用计算机进行动作示范，能够从不同的侧面，以不同的速度，对不同部位的动作进行细致的分析和研究，使得传统的讲解示范等方法更加科学、高效。

（二）体育教学内容的变革促进了教学方法的变革

为了适应时代的发展，满足学生的体育需求，体育教学的内容处于不断的发展和变革之中，这也导致了体育教学方法的变革。例如，随着定向运动和野外生存运动引入体育教学之中，使得体育教学活动的野外组织和教学方法得到了更加广泛的开发。

（三）体育教学理论的发展促进了教学方法的完善

体育教学方法的发展和创新，有赖于体育教学理论的发展。随着体育教学理论不断完善，体育教学方法也随之实现了发展和创新。传统的体育教学过程中，对于体育运动技能的分析有所欠缺，并且同一运动项目的教学方法相对较为固定，甚至在不同的运动项目中都采用统一的教学方法。所以，呈现给我们的是，在不同的体育项目中，教学方法“以不变应万变”。随着体育教学理论的发展，及专家对运动项目深入的研究，“领会式教学法”等不同的教学方式应运而生，改变了以往教学方法单一的局面。

（四）学生个性发展促进了体育教学方法的改进

在不同的时代环境下，学生会表现出不同的特征，同时学生的个性特点具有很多变动性。因此，为了更好地促进体育教学目标的实现，促进体育教学效果的提高，应根据学生的具体情况，采用不同的体育教学方法。

学生各方面的变化主要体现在以下几个方面：第一，随着接受知识的增多，学生的认识能力逐渐增强；第二，随着时间的变化，学生的身体逐渐发育、发展；第三，伴随着学生知识和阅历的丰富，其个性越来越强，并且形成了相应的价值观念。除此之外，社会的文化价值观念对学生也产生较为显著的影响。体育教学的方法也应随着学生各方面的变化而进行适当的调整。

二、高校体育教学方法发展中存在的问题

（一）教学方法单一化

现阶段，许多高校体育教师在相对落后的教学思想观念的影响与制约下，在高校体育教学活动的实践过程中，常常存在使用单一教学方法的问题。在体育教学实践中，部分教师依旧将传统体育技术的传授作为主要教育目的，通常采用讲解、示范以及练习等传统落后的教学方法，其教学效果也必然十分有限。与此同时，相对传统落后的体育教学方法确实存在多方面的问题与劣势，有很多需要完善与改进的空间。但我们还需充分认识到，学生自身身体是高校体育教学活动的主要媒介，高校体育教学活动只有利用与之对应的运动场地、设施设备以及练习才能达到预定的教学目标，运动场地、设施设备以及练习在高校体育教学方法的使用效果方面发挥着重要作用。

伴随着新形势的出现，高校体育教学的任务和目标也随之发生了很大变化。传统体育教学方法已经无法很好地适应高校体育教学任务的具体要求。因此，体育教师要积极转变教育思想观念，主动继承与发扬传统体育教学的优势，尽全力创新高校体育教学的方式与方法，进而更好地服务于高校体育教学的实践活动，尽全力推动学生的身心实现全面健康发展。

（二）实际效果不够显著

众所周知，高校体育课程教学纲要主要是对原有体育课程教学的进一步深化、拓展与改革。由此可知，高校体育课程教学改革的一项重要内容与任务是创新。很多教师在开展体育教学活动的过程中，真正做到了努力创新、狠下功夫以及狠抓落实，选择了很多富有创新性的教学方法与手段，这一举措对高校体育教学改

革产生了较为突出的推动作用。然而，我们还需清晰认识到，在开展体育教学的具体过程中，依然存在着某些教师过度重视课程形式，不重视或者忽视课程实际效果的问题，甚至还有些体育教师为展现全新的教学理念，将部分高、尖、精的体育教学设施设备运用在高校体育课堂中，尽管发挥了让学生眼前一亮的效果，然而因为不便于操作，使得体育教学设施设备的实际效果大幅度降低。

除此之外，因为规范化体育技能教学是传统落后体育教学的唯一任务与目标，所以某些体育教师在选择体育教学方法时，其选择依据通常是促使学生尽快掌握体育技能而开展相应的体育教学活动。在众多体育教学方法中，部分教师单方面重视与追求对体育运动技能的系统性和完整性教授，严格要求学生对体育动作的各个环节加以理解与掌握，却忽视了对学生创新能力、观察能力、信息收集能力、分析能力以及自学能力等多方面能力素质的培养，这样必然导致高校体育教育为技术而教的结果，也必然影响与制约学生的学习效果。

（三）学生主体意识不强

长时间以来，在开展具体体育教学活动的实践过程中，常常实行以教为主、以学为辅或者教师教学生学等较为传统的教学模式。采用这种教学模式，尽管在部分教学内容与教学环节上获得了一定成效，然而传统教学方法在怎样充分调动学生积极主动、充满创新地学习教师传授的教学内容方面还有很大的改善空间。从实际角度出发，此类重视教师、忽视学生的高校体育教学方法广泛存在于高校体育教学活动中。

除此之外，部分高校体育教师较为重视学生共同存在特征，却忽视了学生存在的个体差异性。因此，体育教师要针对每位学生的不同情况，激励和鼓舞学生形成和发展自身的个性特征。

当然，多种问题和困难会广泛存在于高校体育教学过程中，并且实施因人而异的教学策略着实会给体育教学活动带来一定的难度，教师将出发点设定为学生的个性特征成为较为常见的现象。尤其是在班级人数多、场地面积小、设备器材有限的情况下，进一步增加了充分发展学生个性的难度系数。故而，在具体的体育教学实践中，体育教师采用的教学方式往往是将教学中心置于对大多数学生的帮助和指导方面，同时很少采用适宜有效的教学方法对需要特别对待的学生展开帮助与指导，这一问题导致的必然结果是很难推动学生在体育教学活动中得到充分发展。

三、高校体育教学方法发展中形成的基本要求

（一）运用语言传递信息时需遵循的基本要求

1. 科学地组织教学内容

学生对知识的掌握源于教材，教师通过语言教学法，使学生能够领会教材中的知识，培养其运动能力。在教学过程中，最重要的是要对教学内容做一些必要的处理，包括赋予教学内容逻辑意义，将静止的教材内容转化为输出状态的知识信息。所以，体育教师课前应该自习研究教材，重新安排教学内容，使其具有系统性、概念清晰、条理和主次分明、难度适中。

2. 教师的语言要清晰、简练、准确、生动，并富有感染力

这就需要教师具备良好的语言素养，具备高水平的语言表达能力。虽然语言表达能力是与生俱来的，但通过后天的培养也能提高。教师要不断地加强自身修养，努力提高自己的语言素质，在体育教学中做到运用清楚、简洁、准确的语言，生动形象地表述教学内容。教师的教学语言应当具有启发性与感染力，尤其是在体育教学中。同时，体育教师在语言表达中也要讲究神态和风度，擅长运用无声语言。

3. 要多用设问和解疑

在体育教学中，不管是讲解还是引导，均需教师精心设计提问。在教学中，可以提出一连串的问题，让学生始终处于活跃的思维状态，逐步引导学生解决难题。在设置问题时，体育教师要结合教材内容，根据教学需要设计。问题要新颖独特，富有启发性。问题设置需要注意以下几点。（1）问题应与学生的知识和能力水平相适应，难度适中。（2）问题应该是清楚的，具体的。（3）要善于激励，引导他们充分地发表意见。（4）应灵敏地捕捉学生理解上的模糊或误区，及时进行整改。

4. 结合黑板、挂图等进行讲授和讨论

此种方式对体育教学效果的提高有着促进作用。它能够改进讲解与论述的方法，提高讲解质量。因此，应该将教学挂图和板书内容的开发重视起来。

（二）体育教学对动作示范方法的基本要求

1. 动作示范要有明确的目的

示范应该是根据体育教学实际需要而设计的。一般有三种示范方式。

（1）认知示范。所谓认知示范，就是让学生明白演示的内容，这类示范着眼于为学生树立一个整体动作形象，形成一个大概的思路。这样的论证应该是正确的，平实的，必须引导学生关注整体，不拘泥于细节。

（2）学法示范。就是向学生讲述如何学习，这类演示的着眼点在于让学生理解完成动作的先后次序、要领，理解重点和难点。在做这一演示时，应指导学生在关键动作环节中关注关键部位。

（3）错误示范。所谓错误示范，就是把学生的错误动作演示出来，目的是让学生认识到其动作的错误点，及时改正。在做这类示范时，既应强调失误之处，也不可言过其实。这类动作示范的要求和第二类基本相同，在论证中应该注意重点指出需要改正的失误。

2. 示范要正确、美观

所谓示范要正确，就是示范必须严格按照技术规格要去进行，确保学生形成正确的动作表象。所谓示范要美观，就是动作示范要做到形象鲜明，富有魅力，确保能够激发学生学习兴趣，消除学生的畏难情绪。

（三）运用以直接感知为主的方法的基本要求

1. 事先做好准备工作

演示教学法用于体育教学，首先应该从教学任务的要求出发，做一些必要的准备工作。例如，体育教具的使用，如果市场上没有出售的，教师要想办法亲自做或者在他人帮助下完成。教具做好后，还要结合其他的教学程序，设计演示的时机和步骤，并写入教案设计中。

2. 引导学生进行有效的观察

教师在演示前要进行提问，目的是使学生做到有的放矢，有所侧重地去观察，去思考。应让学生将感知和理解紧密结合，同时，教师要向学生传授观察次序与方式，增强学生对动作的观察能力。

3. 做好总结

把在观察中所获得的感性认识，提高到理性认识。教师在完成演示后，还应该通过问答和练习的方式，组织学生进行进一步的实践与探讨，将观察所获得的感性认识提升到理性认识，将偶然性的观察结果和必然规律相联系，让演示真正发挥获取理性知识的作用，并且对知识进行实践验证。

（四）运用以身体为主的体育教学方法的基本要求

（1）科学处理运动负荷。在体育学习中，身体练习是一种必需的方式，也是达到教学目的的必要媒介。在身体练习时，运动负荷是一个主要影响因素，必须要重视起来。制订训练计划时，要根据不同年龄、性别科学安排运动量。保证技能学习和提高身体素质的同时，又要保证不能所有事情都围绕着“运动负荷”开展，将体育课变成“心率课”和“锻炼课”。

（2）应遵循运动技能的形成规律和教材特点。

（3）应结合训练动脑、动口、动手实际操作能力。

（4）应重视对学生自我监督、自我检查、自我评定等能力的训练，培养其良好的习惯。

第三节　高校体育教学方法的选择与应用

一、高校体育教学方法的选择

（一）高校选择体育教学方法的意义

就目前体育教学而言，体育教学方法是多种多样的，特别是近年来体育教学改革不断深入，开发出了越来越多的体育教学新方法。因此，如今的体育教学中，衡量教学质量的一个重要方式，就是教师能否根据运动项目的不同选择更合适的教学方法。同时，这也是提高体育教学质量的基础。

为了保证教学的质量，身处教学一线的体育教师，要根据体育教学的目标和各种教学因素，选择合理的体育教学方法，并在对教学过程中所涉及的各种因素进行认真研究的基础上，对所选择的教学方法进行合理的组合，这样才能不断提高体育教学的质量。

教学方法是教师在进行体育教学时的手段，从这种观点上看，体育教学方法是教师行使教育权利和履行教育义务的工具。

“磨刀不误砍柴工”，工具的选择一定程度上是教学成败的关键。因此，作为体育教师，不仅要清楚地了解各种教学方法，更应该具有在实际教学工作中选择合适的教学方法的能力。只有这样，才能够真正出色地完成教学目标，提高体育教学的质量。

（二）高校选择体育教学方法的依据

1. 体育教学目标

体育教学目标的主要特征之一是多层次性，身体发展目标、技能发展目标、知识发展目标、社会发展目标和情感发展目标等是体育教学目标的不同层次。为了实现不同的教学目标，应采用不同的教学方法。在体育教学中教学目标并不是孤立的，它是多种目标的综合，而每一单元、每一堂课目标的侧重点是不同的。因此，在教学过程中，应根据具体的课堂教学目标选择重点发展某一方面的教学方法。课时教学目标是体育教学总目标的具体化，这一目标具有很强的指导性。它既有相应的运动技能和运动理论方面的知识，也有心理和品质品格方面的内容，针对这些不同的教学目标，应选择与之相匹配的教学方法。

2. 体育教学内容

体育教学的内容与教学方法之间具有密切的关系，如对一些技术动作教学内容应采用主观的示范操作的方法，而对一些原理和知识结构方面的内容则应注重运用语言法进行讲解。不同性质的体育教学内容，应采取相应的教学方法。每一种教学方法为实现一定的目标而运用在某一教材内容时，其效果也会表现出一定的差异性。因此，在体育教学过程中，应注重教学方法的灵活性。

3. 体育教学环境

教学环境对教学方法的选择产生重要的影响。教学环境包括场地器材、班级人数、课时数等，同时，外界的社会文化环境也对教学环境产生重要的影响。教学环境必然会对教学方法产生制约作用。例如，一些直观教学方法需要借助一定的教学器材才能实现相应的教学目标，而学校体育教学资源的具体情况在一定程度上对教师采取的教学方法具有决定作用。

教师在体育教学过程中，应充分利用现有的教学环境，选择合理的教学方法，最大限度地利用现有的场地、器材条件。

4. 学生的实际情况

在教学过程中，教学方法的实施对象是学生，采用多种教学方法的最终目的是促进学生更好地学习。因此，在选择相应的体育教学方法时，应与学生特点及其实际情况相符合。学生的实际情况表现多方面的内容，包括学生的年龄特点、性别特征、身心发育状况以及相应的知识储备和学习能力等。

学生处于不同的年龄阶段，其身心发展过程也具有阶段性的特点。对于大学生而言，低年级学生和高年级学生的身心发展特点会表现出鲜明的差异性。另外，男女性别上的差异性也会导致其对于体育的态度有所不同，因此，应采取合适的方法，充分调动学生体育学习的积极性。学生的经验和知识储备以及相应的学习能力也是教师选择不同的教学方法的重要依据。对于知识储备量较为丰富，已经掌握了基础的知识技能，并且学习能力较强的学生而言，他们在学习新的体育技能时能够更快、更好地掌握。此时，教师可采用合理的教学方法促进学生的技能水平向着更高的水平发展。

5. 教师的自身素质

体育教师是各种教学方法的实施者，其自身的素质对于教学活动的效果产生重要的影响。体育教学如果能力和素质有限，则其将不能发挥相应的教学方法的作用，从而对教学活动产生消极的影响。因此，教师在选择相应的教学活动时，应对自身的专业素养、能力水平以及教法特点有着客观的理解。

通常情况下，体育教师所熟练掌握的教学方法越多，则其越能够根据自身以及学生的实际情况选择出最佳的教学方法。不同教师根据学生实际状况采取同样的教学方法，也会得到不同的教学效果，可见教师自身条件极大地影响着体育教学活动。所以，教师要有提高认识自身素质与教学风格的意识，并通过积极的学习增强自身的素质，尝试和掌握更多的教学方法。

（三）高校选择体育教学方法应注意的问题

高校体育是高校教育的重要组成部分，高校体育课程是大学生以身体练习为主要手段，通过合理的体育教育和科学的体育锻炼过程，达到增强体质、增进健康和提高体育素养的目标[①]。高校体育教学要实现这一培养目标，必须使学生掌握正确的锻炼方法。因此，体育教师选择什么样的教学方法很重要。在选择教学方法时，应注意下列问题。

1. 体育教学方法要突出健康目标

《中共中央　国务院关于深化教育改革全面推进素质教育的决定》指出：健康体魄是青少年为祖国和人民服务的基本前提，是中华民族旺盛生命力的体现[②]。为此，学校教育应树立正确的指导思想，以“健康第一”为目标，切实强化体育教育。如今，建立在综合国力之上的国际竞争愈演愈烈。国力竞争说到底就是国民素质的竞争。要不断壮大国家的经济实力、科技实力以及国防实力，这一切力量的提升，与国民体质的提高是密不可分的。因此，加强学校体育，推行素质教育已经成为全社会的共识。学生是国民体育之本，提高学生身体素质，是贯彻党的教育方针不可忽视的一方面。同时，拥有健康的体魄，才能适应繁重的学习任务，为将来社会主义现代化建设打好身体基础。学校体育教育要以提高学生身体素质为目标，肩负起促进学生身体健康的使命。

三维健康模式由美国学者奥林斯提出，着重从生理、心理、社会等三个方面对人类生命状态进行评价，每一方面都有健康与疾病的内容，从而获得了有关人类健康状况的三维表象。体育运动不仅可增进身体健康，而且还有利于培养学生

---

① 周春太．太极拳对练对大学生心理健康影响的实验研究[J]. 辽东学院学报（自然科学版），2010，17（3）：235-238.

② 中共中央　国务院关于深化教育改革全面推进素质教育的决定[J]. 中国高教研究 .1999(4)：3-7.

良好的心理品质。学生通过体育课的教学、课外体育活动等多种形式的运动，可促进机体的新陈代谢，改善血液循环，增加物质能量的供给，让各个系统器官都获得充足的养分，促进机体的发育，改善系统各器官生理机能，增强整个有机体工作能力。也增强了人体对自然环境的适应能力，提高机体抗病能力等，使人精神饱满、精力充沛，这样才能最有效率地完成繁重的学习任务。

在传统的体育教学中，教学目标是传授体育基础知识和技术。因此，教学方法以讲解法、示范法、练习法为主。如今，体育作为一门科学，教学目标是为了增进身体健康、发展学生的能力、陶冶情操。在这样的目标指引下，教学方法发生了改变，有发现法、游戏法、竞赛法和其他教学方法。为了培养学生的体能，还发展出了循环练习法、负荷练习法，变换练习法，间歇练习法等、合作练习法、流水作业法的教学方法。

在体育教学改革中强调的健康目标，就是要创造一个良好的环境和氛围，促进学生身心健康发展。在体育教学和体育训练时，教师应关注学生的个体化差异，打破传统课堂的所有学生“统一负荷标准”“统一考试尺度”的“一刀切”格局。改变不适应时代要求的体育教学设计模式，在新的课程设计中，关注学生的主体作用，培养他们的参与意识，提升技能水平，增加运动带来的快乐，提高学生身心健康程度。现今，体育课程中提出教学内容的设计要以教学目标为基准，着重提出教师对教学内容的选择上，要以激发学生的运动兴趣为主，并选用不同的教学方法。强调突出“健康目标”，对大学体育教学方法的选用上提出了更多的要求。

2. 体育教学方法要体现价值取向

所谓价值取向，就是体育教学方法的选择应反映体育课程目标完成的效果和实效性，应利于评价学生的个性倾向。因此在新课程标准下，我们应该更加重视体育课堂中学生主体地位。所谓个性倾向，是指一个人对某件事情占支配地位的指向性，它同学生心理活动有直接关系，是学生身体活动的动力来源。

目前，个体适应成为体育教学方法的发展趋势。在教学中，更强调提高学生的参与度，更注重开发学生的潜能，更强调启发学生，使之时刻保持对体育的爱好，养成坚持锻炼身体的好习惯。教师应当尊重每个学生的个性，根据学生不同的体能、兴趣爱好和掌握的技能，提供符合他们身心发展水平和特点的教育方法。

对于一些运动技能欠缺，身体素质不好的学生，更应该引起教师的重点关注，以便体现素质教育的全面性和主体性。这就要求教师要从“以生为本”的高度来审视体育教学活动，在课堂教学中真正贯彻“一切为了学生发展”的理念，体育教师要放下居高临下的姿态，视学生为其平等成员予以尊重和赏识。教师对每一个学生都要包容、平等，强调以生为本，发挥学生学习积极性，挖掘学习潜能，提高体育教学质量。

体育教学方法价值取向向着对学生感知、关注、思考、记忆、模仿等能力培养的方向发展。是一种对提高学生的兴趣、意志都有好处的培养模式，这种培养从属于一般培养。除此之外，体育教学方法价值取向还应该朝着培养学生体育能力、运动素质、技术水平、拼搏精神等方面发展，也就是我们说的特殊培养。一般培养和特殊培养的最终目的，就是为了充分挖掘学生潜力，促进学生的个性和能力得到全面的发展。目前，体育教学活动中所流行的“协同教学法”“友伴学习法”“开放式教学法”“暗示教学法”“主题型教学法”等方法，都是将个体活动看作教学过程中的非常重要的一方面。例如，“主题型教学法”是为了培养学生的“探究性”学习能力，在整个过程中通过师生间的交流合作来实现对知识的理解，从而达到学习效果的目的。整个过程具有开放性和自主性的特点，既是一种教学方法，同时也是一种学习活动。

3. 体育教学方法要符合大学生身心发展需要

高校体育教学担负着培养专门的体育专业人才的任务，因此，对实用的体育知识和技术均有着较为特别的要求。而体育教学方法应该力求满足社会对人才的需求，使学生在主动钻研中发挥积极性。因此，高校体育必须重视教学手段的改革，使学生更好地掌握几项运动技术，未来能够实现自主锻炼。应将体育贯穿于学生的生活中，使教师的“教”和学生的“学”融为一体，满足其身体健康和心理健康需求。在体育教学方法的运用和选择上，要做到多样化、主体化、心理化。体育教学的方法多种多样，并在体育课上合理地使用各种教学方法是提高教学质量和教学效果的关键之一。

在体育教学中，为满足每一位同学的锻炼需求，教师在选择教学方法时不仅要考虑一般性需求，也应该考虑到个体化的需求。随着经济的发展，人们对体育运动提出了更高的要求，因而，课堂中传统的教师讲学生练的授课方式已经不能适应学生需求。教师可以使用“发现法”主动向学生传达体育文化，充分发掘学生在课外对体育信息把握的潜力，让学生将在电视、网络和报纸等媒体上所获取的体育信息进行筛选和综合开发利用，变教师的被动“教”为学生的主动“学”，激励学生不断创新和实践。教师还可以使用“限制法”，通过让学生把注意力全部集中到某一动作，提高学生对信息的接受程度，从而达到更加有效传递信息的目的。

在现代体育教学中，要重视活动素材的搜集，活动条件的创造等，力求学生的参与。传统体育教学方法以教师传授知识为主，如今，师生交流方式由原来单一注入式变为师生互动式，实现从关注学习结果到关注学习过程的转变，创造让学生探究和思考的条件，培养学生自我锻炼的习惯。

（四）体育课堂教学中学生学习方法的探索

随着教学改革的不断深入，研究者不但对教师的教学方法进行研究，还对学生的学习方法做深入的探索。现在，高校体育越来越重视体育课堂教学中学生的主体作用，着眼点不仅仅放在教师在课堂上知识传播的行为上，而是放在通过改善学生的学习方法，培养和发展学生分析问题和解决问题的能力上以提高学生的学习能力。下面介绍几种学生的学习方法。

1. 自主学习法

自主学习法就是在教学过程中，充分发挥学生的主体作用，让学生有自主支配学习的时间和空间。教师不要把学生管得太死，使学生没有自主选择的余地，没有充分展现自己的空间，这对培养学生的独立能力和个性是非常不利的。因此，在教学活动中，不但要有集中讲授的时间，也应让学生有自主选择自主学习的时间和空间。

2. 合作学习法

当前课程改革中，对合作学习十分推崇。这种学习方式是以小组为单位，组内成员之间互相协作，通过集体的努力，依靠全体成员的力量实现教学目标。合作学习的优势在于，小组内的每一位成员都能发挥自己的优势，通过取长补短的方式，彼此互相帮助，从而使小组取得最大的收益。合作学习的方法应用范围很广，如教学中、练习中、比赛中皆可以用。

3. 探究学习法

探究式学习就是指发掘学生潜能，培养其创新意识与创新能力。学生在探究学习中，对学习内容展开讨论和研究，每位学生可充分发表不同的意见和探究适合自己的练习方法。在体育教学中，教师不要总是先将结论告诉学生，要允许学生探索不同的途径和方法去得出结论。学生通过探索，不但能够较为深刻地理解所学的内容，更主要的是提高了学会学习的能力。对于教师来说，不要过分强调学生的探究结果，而应该重视学生的探究过程，让学生在探究中学，在探究中练，从而获得更多的知识和提高学习的能力。

4. 自我展示法

传播教学模式下，大部分学生都是课堂中的“陪衬”，只有少数“尖子生”才是课堂的“主角”。教师需要学生做出示范的时候，总会想到这几个体育“尖子生”，另外的学生只能在旁边观摩动作，没有实际展示的机会。有些学生甚至被教师当作方面教材，需要讲解“错误动作”时会让他们做出“示范”。这样的教学方法，严重打击了学生自信心和他们学习体育的积极性。自我展示法就是让学生在体育学习过程中表现出自身的长处与优势，从而获得成功的经验，从而增强自尊心与自信心，激发每个学生的学习热情。

5. 收集资料法

收集资料法是让学生通过多种途径查阅和收集资料，使学生拓宽视野，获得更多的体育与健康的有关知识，加深对有关问题的认识和理解，培养体育运动的兴趣。在体育教学中，教师可改变一定的评价方式，不要把评价的内容只放在体能和运动技能方面，可通过学生查阅和收集资料的情况来评价学生的学习态度，并把学生收集到的资料作为学生成长档案袋的内容之一，也可定时或不定时地进行展示与交流学生收集资料的情况，以激发学生学习的积极性，丰富学生的有关知识和方法，培养学生学会学习的能力。

二、高校体育教学方法的应用

（一）高校体育教学方法优化组合应用的原则

1. 最优性原则

不同的教学方法其特点、功能和应用范围都会有相应的差异性，各教学方法都有其优缺点。因此，在对教学方法进行组合运用时，会形成不同体系的综合教学方法，每一套教学方法都有其鲜明的特点。教师在进行教学方法的优化组合时，应该视课堂情况，选择最适合本次教学实际的方法。教师在选择教学方法的时候，应该从整体考虑，将不同教学方法进行有机结合，充分发挥教学方法体系的整体功能。

2. 统一性原则

统一性原则要求教师在选择相应的教学方法时，应注重“教”与“学”的统一，使得两者之间密切结合，相互促进。如果只强调其中的一方面，则教学活动并不会取得良好的效果。另外，统一性原则还要求，在教学过程中，应将教学方法的多种功能充分地发挥出来，促进学生素质的全面发展。

3. 启发性原则

不管是何种形式的教学方法，其都应该能够更好地调动学生的积极性和自觉性，促进学生进行积极思考与探索，促进学生全面提高自身素质。在体育教学活动中，教师应注重学生兴趣和动机的培养，发展其自主思维和学习的意识。

4. 创造性和灵活性原则

在选择体育教学方法时，教师应注重发挥教师和学生的创造性，应对教学方法进行积极的改进和创新，使其更加适用于自身的教学实践活动。只有这样，才能够使得教学方法的功能最大化，从而取得较好的教学效果。教师要对教学方法进行不断的发展和创新，这样才能与教学水平的发展相适应。

教学活动是一个动作的过程，教师在课前设计的相应教学方法可能在具体的教学实践中面临多方面的问题，这就需要教师进行灵活应变，根据实际教学情况，对所选的体育教学方法进行灵活的、创造性的运用。

（二）高校体育教学方法优化组合应用的程序

1. 进一步明确体育教学任务

选择不同的教学方法要以教学任务和教学目标为主要依据。因此，教师应将一节课的具体教学任务进行分析和细化，制定出相应的详细任务规划。

2. 联系实际情况将总体设想提出来

教师通过对教学任务、教学内容、学生的具体情况以及教学的外部情况等进行分析，对相应的教学方法进行评估和分析。教师在提出教学的总体设想时，应将教学方法的可行性和适用性充分考虑进来。

3. 对多种体育教学方法加以优化组合

教师制定教学方法和教学方法的具体方式和细节表，对于各种教学方法进行分析，并对其不完善的地方进行相应的补充；在此基础上，将优化组合后的教学方法应用于具体教学实践过程中。

4. 对优化组合的教学方法实施与评价

在体育教学过程中，教师应对教学方法产生的效果进行跟踪了解，可通过学生反馈的形式了解具体情况；对教学方法的反馈信息进行归纳和分析研究，并对教学方法做出相应的调整。在以后的教学过程中，教师要不断地总结经验和教训，促进教学方法的不断优化。

（三）高校体育教学方法的具体应用及案例分析

1. 体育基础知识类教材教学方法的应用

所谓体育基础知识类教材，是指体育与健康课程教学所涉及的知识类教学内容。由于体育与健康课程所涉及的知识内容丰富，应根据不同年级学生的实际水平与需要，有目的、有计划地确定教学内容。体育基础知识类教材特点决定了教学中一般采用语言法和直观法，具体应用的方式如下。

（1）讲授

教师要根据教材特点和学生接受能力充分备课，系统组织课的内容，在讲授中，做到层次分明，重点突出，深入浅出，注意启发思考。语言要生动准确，通俗易懂，控制好语速和节奏。也可结合直观教具或板书进行讲授。

（2）讨论

可针对学生熟悉的内容，或关心的体育赛事活动、热点体育话题，联系学生已有知识、体会和看法，展开讨论乃至辩论。这种方法适用于高年级学生，但不宜过多。讨论时要引导学生围绕主题进行。

（3）答疑

课前教师可通过一定方式，集中学生在体育活动中出现的有关体育知识的疑问或困惑进行解答，也可现场让学生提问题，教师解答，为避免冷场，教师应进行带有启发性的答疑解难。

（4）知识竞赛

教师事先向学生发布关于知识竞赛的范围、组织措施，让学生明确竞赛规则、奖励办法等。教师要充分准备，围绕学生已学过的体育基础知识，适当扩大和延伸有关内容。要做到问题明确、难易适中、评分公平合理。此法每学年应用不宜过多。

（5）演示

提倡利用电视、录像、电影、幻灯等演示手段，指导学生把握好观察的重点和时机，把讲述和演示有机地结合起来。

2. 运动技能类教材教学方法的应用

运动技能就其结构特点可分为闭式和开式。闭式技能具有以下特征：在完成运动的过程中，基本不会因为外界环境发生变化而发生动作变化。从动作结构来看，大多具有周期性重复的特点，运动完成后的反馈信息来源仅来自于本体感受器。类似田径、游泳这样的运动大多是闭式技能。开式技能具有以下特征：在运动过程中，常常会受外界环境影响，不断改变动作。从动作结构来看，呈现出多样性的特点，具有非周期性特征。运动完成后的反馈信息来自各种分析器的反馈合成，其中视觉分析器常常占据主导地位。因此，通常情况下，开式技能较闭式技能行动要复杂得多。通常球类等对抗性项目属于开式运动技能。

（1）闭式技能类动作教学方法的应用

除初学时的语言法、示范法、预防与纠正错误法等一般方法的常规使用外，由于闭式技能的单个动作比较简单，多次重复的动作结构和反馈信息以本体感受器为主，所以，在该类动作的教学指导时主要应用完整法和重复法。多以完整法来解决单个动作的正确性和完整性；随之多以重复法为主以提高动作的结构性和连贯性。变换法主要以变化运动负荷的表面数据为主，随着动作掌握程度的提高，多以自我练习为主要方式，精讲多练，以较长的连续重复练习时间和较大的练习密度让学生主动体验动作，强化技能、提高节奏性和经济性。由于闭式技能的动作多以简单和周期性的重复为主要形式，学习时多以自身本体感受性为主，学生容易产生枯燥和疲劳感。所以，在教学时要注意激发学生的学习动机，活跃课堂气氛，提高学习积极性。

（2）开式技能类动作教学方法的应用

由于动作的相对独立性、动作结构的复杂性和影响因素的复杂多变，在进行该类动作的教学指导时，适用的方法比较广泛，因人因时，灵活多变。通常以直观法、语言法、完整法来建立正确动作的表象；对于较复杂的单个动作可根据动作结构特点适当采用分解法来重点学习技术难点和纠正错误，但分解练习的时间不宜太长，一旦解决了特殊问题就及时转用完整法来巩固和提高动作技能。由于开式技能多表现为多样性和非周期性，所以要及时注意学生的表现，以预防为主，及时纠正错误；要综合所有反馈信息，以个别指导为主要形式，多用变换法，充分利用速度、力量、节奏、幅度、姿态等技术要素的变化来不断提高动作质量，增加学生的学习积极性；同时还要利用环境的调整和变化以及比赛和对抗的形式提高学生的适应性和应用能力。

（3）运动技能形成各阶段的教学方法应用

运动技能的形成，通常需要经历三个阶段：粗略掌握动作阶段、改进和提高动作阶段、巩固与应用自如阶段。

第一，粗略掌握动作阶段教学方法的应用。这一阶段是对动作大致把握的阶段，主要运用语言和直观法教学，让学生清楚地认识到动作学习的重要性和学习任务，树立正确而完整的动作表象。采用完整法，通过尝试性的练习，初步建立动作的大致结构，使学生具有完整动作概念，再根据学生特点进行针对性训练。

这一阶段，是学生大致把握动作动作的阶段。因此，常常采用简化动作要求、使用辅助器械的形式，帮助学生理解动作构成。

在这一阶段，学生还不具备分析运动感觉的能力。因此，对现阶段进行评估，主要源自教师语言评估，以及学生的视觉监督。教师评价学生，一是看学生是否掌握动作基本结构和关键，二是明确指出学生视觉监督的方法和部位。另外还要根据动作的正误对照评价，把握好评价的度。

运动技能形成初期，同学们在某些动作技术上存在偏差，这在所难免，在教学中，要善于找出某些严重失误，也就是那些严重影响动作完成的失误，还要找到造成这些失误的原因，采取切实有效的措施，适时进行整改。

第二，改进与提高动作阶段教学方法的应用。这一阶段常常以完整的练习法为主，目的是促进学生较快建立完整动作的动力定型，同时也能深化学生对完整动作的感受。也可以采用分解法，它的作用是辅助纠正不正确的动作，或对某一动作进行强化。

运用讲解、演示等手段，教师可以强调运动的规律性，对动作技术掌握过程进行详细分析，找到错误发生的根源，让动作概念更加具体化，彻底示范清楚动作的顺序。为了帮助学生形成动觉，教师可运用“定向”“领先”这样的视听感觉，和正确的动作进行对比。

在这一阶段，教师应适当变换练习方法和环境，变换动作的组合，重视竞赛法的运用，以提高学生对动作技能的适应性。

教师应重视增强学生对动作技能的自我评价。在动作技能的形成过程中，学生会自觉观察自我动作的完成是否符合动作技能规律。因此，在这一阶段，教师一方面不能间断对学生的具体评价；另一方面也要让学生自评、互评。

第三，巩固与应用自如阶段教学方法的应用。这一阶段教师可以在复杂并且多变的状态下，运用重复练习方法以及变化练习方法，并且注重在一个完整的练习中，对技术细节作进一步的巩固和提高。

教师可以进行以提示、讲解为主的演示，促使学生了解自己的动作完成情况，增强其分析问题以及解决问题的综合能力。

教师要综合评定学生掌握动作的程度，也就是在这一阶段，对学生的动作完成的稳定性、可变性、动作效果等进行全面的评定。

3. 发展体能类教材教学方法的应用

体能是指各器官、系统的生理功能及在体育活动中所表现出的能力以及身体素质发展水平。发展体能主要是通过生理负荷的变化来对学生产生影响的，同时与学生的心理因素有很大的关系。如果没有较好的心理准备，是难以顺利完成这类教材的练习的，如在进行耐力练习时，具有较强的意志品质的学生就容易战胜疲劳，取得效果。

下面主要以力量类、速度类、耐力类教材为例来说明教学方法的应用。

（1）发展力量素质类教材教学方法的应用

①发展力量素质的方式和方法

第一，负重抗阻练习：教师在课堂中可以使用一些带有重景的器械如杠铃、哑铃、沙袋等器械。

第二，对抗性的练习：包括双人推、拉、顶等。在对抗双方短暂的静力作用下，培养学生的力量素质。对抗性练习中，学生不需要使用器械和器材。它具有一定趣味性，能激发练习者练习兴趣。

第三，运用力量训练器械练习。它能让你的身体在各种姿势下（坐、卧、立）练习，可以直接训练所需肌肉力量。

第四，克服外界环境阻力的练习：比如沙地与草地上的跑步与跳跃练习。

第五，克服自身体重的练习：如引体向上、倒立推起、纵跳、攀登等。

②发展力量素质方式和方法应注意的事项

第一，普通学生应以发展一般力量为主，部分身体条件较好的学生可发展力量耐力及爆发力。

第二，高校体育教学应全面发展学生的力量素质，避免过度刺激某一部位的肌肉，使学生的力量素质协调发展。在教学过程中，教师要让动力性力量与静力性力量、大肌肉群与小肌肉群的力量、快速力量和慢速力量等练习相互结合交替进行，以保证学生力量素质的全面发展。初中及以前的学段中，体育教学应以发展动力性小肌肉群的力量为主，到高中以后，可逐步发展大的肌肉群力量和进行静力性力量练习。学生采用较大的力量练习时，不宜单一地进行静力性练习，应提倡综合力量练习，同时应使力量练习与其他性质的练习交替进行，从而提高肌肉的弹性。

（2）发展速度素质类教材教学方法的应用

①发展速度素质的方法

教师可采用不同的信号，让学生即刻做出各种反应的练习。例如，在走或跑过程中，按口令组成“二人一组”“三人一组”；随口令迅速做起跑练习或组织一些躲闪的活动性游戏等。

发展动作速度一般常用游戏和比赛法，如限时进行投篮比赛、二人一组进行足球快速传球比赛（定时计数），也可以组织一些快速跳绳比赛等。

发展位移速度可以广泛应用各种快速跑、冲刺跑、下坡跑的练习，也可以组织一些接力跑的游戏或追逐游戏等。

②发展速度素质方式和方法应注意的事项

发展速度素质应在学生体力充沛、精神饱满的时候进行练习，要避免在精神恍惚，身体疲劳的情况下练习；应采取多样化的方法和游戏法、比赛法进行练习，提高学生的兴趣和情绪，力求在自然、主动的条件下发展学生的速度素质。

（3）发展耐力类教材教学方法的应用

①发展耐力素质的方式和方法

发展耐力素质的方法包括有：第一，不同形式的长跑，长距离竞走、游泳、滑冰，跳绳等。第二，周期性训练的长时间重复。例如，排球训练中，反复做滚动练习、长时间的抗小阻力练习等。

②发展耐力素质方式和方法应注意的事项。

第一，掌握好练习的时间，控制好练习的强度和密度。耐力素质练习应首先从加量开始，逐步加大强度。例如，用跳绳练习来发展学生耐力，开始连续跳绳15~20 秒，休息 5 秒，而以后练习时间逐步延长到 1~3 分钟，休息的时间和重复练习的时间次数可依据学生的实际情况灵活加以安排。

第二，采取多种教学方法，活跃课堂气氛、调动学生的积极性。应广泛应用游戏法、比赛法、音乐伴奏等，也可用学生喜闻乐见的形式，如个人跳绳和集体跳绳计数或比赛、踢毽子、跳皮筋等作为辅助手段，有条件的学校可组织学生就地就近进行爬山或在野外、沙滩、树林、公园练习长跑。

第三，加强意志品质的培养和教育。结合耐力练习向学生进行不怕困难、吃苦耐劳、勇敢顽强、拼搏进取等优秀心理品质的教育。

（四）运用体育教学方法的注意事项

1. 注意体育教学方法效果的影响因素

体育教师要合理运动恰当的教学方法，并提高学生的配合能力，以便取得良好的教学效果。在实际教学过程中，教学方法所产生的效果受体育教师的知识储备、人格魅力以及教学技艺等方面的影响。因此，提高教师的素养对于教学方法使用的效果将会产生积极的影响。

需要强调的是，体育教学是教师与学生之间的双边互动，学生因素对于教学方法运用的效果也产生重要的影响。同时，学生的能动性的发挥情况对于教学方法的运用效果也产生重要的影响。例如，当学生没有太大的兴趣参与到体育课教学中时，就会在课堂上表现出注意力不集中的状态，即使体育教师使用正确、生动、形象的讲解方法或准确、协调、优美的动作示范，学生依然不会提高参与课堂学习的兴趣与积极性。

除教师与学生两项因素外，体育教学方法的运用效果还会受到体育教学物质条件和环境的影响。例如，在进行篮球运动教学时，如果是在较为干净的室内塑胶场地上，学生奔跑和起跳时的心理状态与在水泥地面上时是不同的。室内塑胶场地上，当学生起跳落地时，可以做出相应的保护性动作，能够有效避免受伤。因此，在强调教学主体主观因素的同时，也不可以忽略物质和环境等客观因素。

2. 注意体育教学方法有关理论的运用

有关体育教学的理论源于实践，但又高于实践，是科学总结体育教学实践的结果。因此，体育教学的相关的方法既要注重实践方面的问题，要注重理论方面的探索。如果体育教学的相关理论具有一定的片面性，则其体育教学的方法也会表现出一定的片面性。

在体育教学过程中，体育教学方法方面的理论基础应综合考虑几个方面：其一，辩证唯物主义与唯物辩证法的基本观点；其二，系统论原理，深化理解体育教学系统；其三，教育学、心理学等与体育教学有关的学科理论知识；其四，普通教学论和体育教学论是体育教学方法直接的理论基础；其五，对当代各学科的先进理论成果进行借鉴和吸收，创造性地应用相应的理论和方法。从整体角度进行分析，在体育教学过程中，应用新观念、新理论指导体育教学工作，不断对体育教学的方法进行创新，并充分发挥各种教学方法的效用。

第四节　高校体育科学化教学方法的创新实施

一、高校体育教学方法创新的价值与意义

新时代，是我国经济和社会发展的新阶段，更是高校体育教学不断创新与发展的机遇。高校体育教学在开展全面健身运动方面，以及提高全民身心素质方面的重要性不言而喻。促进高校体育教学方法不断创新，对提高学生体育综合素养，对体育教学工作的不断发展，乃至实现体育强国的目标至关重要。

首先，为满足现代高校体育教学的需要，促进精准式教学的开展。当前阶段，高校体育教育的改革是国家重点关注的内容之一。高校体育教学以促进人的健康为根本宗旨。随着人们物质生活的改善，青少年的健康水平呈不断下降的趋势，人们对健康的问题关注程度不断提高。各大高校也加大了对学生身体素质的培养力度。在未来社会，高校学生是社会建设的骨干力量，他们在校期间学到的体育技能和健身知识等，进入社会后，会对社会体育的开展状况造成重要的影响。因此，开展高校体育教学的创新工作，满足高校体育教学对人才提出的新要求，增强教学精准性，让学生掌握实用的健身技能，对高校学生在校生活及未来社会体育事业发展有重要的现实价值。

其次，培养终身体育意识，提倡养成终身体育锻炼的习惯。要想实现体育强国的目标，要靠全体国民的不断努力，在社会中形成良好的终身体育锻炼的意识，国民持续坚持体育运动。因此，高校要将终身体育教育的思想融入教学中，培养学生终身锻炼的意识。同时，在教习内容、方法、器材、情景方面进行立体化的创新，注重促进学生体育运动使用知识和技能的掌握，才能帮助他们养成终身锻炼的好习惯，从根源上促进我国体育人口数量的增加。这也是现实体育强国目标

的根本。

最后，培养高校学生独立自主地开展体育学习的能力。兴趣对于学生来说是非常重要的，它能促进大学生积极地从事各种运动，并产生强烈的动机。高校教师可以从不同的角度和层面，激发学生对体育的学习兴趣。让体育学习与体育运动变成他们愿意去做的事，而不仅仅是修学分。教师可以通过采取具有启发性、引导性和激励性的教学方法，以兴趣为切入点，使学生形成正确学习动机，让高校学生独立自主地学习体育，促进学生体育综合素质能力提高。

二、高校体育教师教学创新的基本条件

教学创新是教师应该掌握的一种能力，它的本质是在传统的教学方法基础上，结合时代的发展，不断质疑和改进教学过程。这是一种教师对教学过程的反思，是逆向思维和发散思维的体现。所以，高校教师要想实现教学方法的创新，应当具备下列几个基本条件。

（一）教学研究能力

教学研究的能力的提高，是实现教学创新的基础。体育教师应树立教学创新的意识，在教学改革实践中，不断进行教学方面的反思，增强理论知识的学习和科研意识，积极参与实际教学方法的改革；同时，要在工作中积极改变自身的职业形象，提升职业素养，身体力行地践行教学改革。从自然观察角度看，外来研究者如果想要进行课堂观察，势必改变课堂的自然状态。因此，要想保持课堂原有的氛围和真实的状态，就只能依靠体育教师。对于体育教师而言，他们拥有课堂实践经验，近距离和学生接触、寻找创新机会，并能更方便地通过课堂对创新研究进行课堂实践。

体育教师有能力，有机会构建新的知识结构，并能够积改进教学内容和方法。所以，高校的体育教学改革的关键在于广大的体育教师，体育教学改革的任务最终会落到体育教师身上。进行高校体育教学改革创新，需要提高体育教师科研能力。教师应该抓住改革创新的机遇，积极搜集教育教学理论文献，学习先进的教学创新理念，增强创新意识，能够较快地借鉴和吸收他人的教育思想和观念，拓

宽自己的知识面，并运用到实践教学中，再进行总结和发展。教学创新是一种教学实践活动，也是教师应该积极自愿参与的教学行动。

（二）教学效能感

增强体育教师教学效能感，是教学创新动力之源。教师教学效能感对提高教师素质具有重要作用。容易满足现状、教学效能感差的教师在教学中很难有创新的地方。从高校体育教学在这一阶段所遇到的窘境看，怎样适应现阶段学生体育需求，怎样达到教与学完美统一，除受到学校的教学模式，以及教学目标，课程、教法与教学环境和其他多种因素影响外，受教师主观因素影响较大，教师教学效能感就是其一。

教师教学效能感对其教育信念有显著影响，自我效能型教师教学效能感在师德、人格上表现得更为突出。高师学校应深化教学改革与创新，强化教师师德师风建设，这也会成为未来教师竞争的重点。

（三）继续教育

创新教学的基础有二：一是拓宽教师继续教育的渠道，二是提升教师教学能力。对高校体育教师继续教育，提高其专业素养，是非常有必要的。在强化教师继续教育方面所采取的措施，应注意使用灵活的方式，重视对教师所学内容的指导，督促教师立足教育实践，将所学内容相结合，工作和学习相辅相成，互相促进；同时重视对教师的学科理论培养，注重对教师教学艺术和技巧的培养等。想要转变教师教育理念，教材的选择也是非常重要的，如果有一套适合阅读和自学、通俗易懂，答疑性的高层次结构导论式继续教育专用教材，一定能够起到事半功倍的作用，促使教师教学能力不断提升。

教学创新要求教师必须具备特殊的教学能力。教学能力，是教师的基本能力之一，它是教师各种能力的全面体现。能力是知识累积的结果，知识为能力之根本。目前我国教师的教学创新能力仍然较弱，拓展教师继续教育渠道能为进一步提升教师教学能力、提高教学质量、积极开展教学创新奠定坚实基础。

三、高校体育科学化教学方法的优化创新

（一）教学方法的优化策略

随着现代体育的不断发展，不断有新的体育教学方法被提出并应用到体育教学中去，体育教学方法体系内容不断得到丰富。体育教学中，教师在体育教学方法优化创新应用方面的意识越来越强，但也不乏会为了创新而创新的现象，这种现象违背了体育教学的客观规律，忽视了体育教学中的学生、教师、教学条件等客观实际，是一种不科学的创新。

科学的体育教学方法优化创新，应注重教学方法和教学现实的深入分析，充分了解不同教学方法各有优点，针对具体教学内容、教学对象特点，教师应善于甄选出最佳的教学方法。对教学方法的合理运用是科学组织与实施体育教学的重要前提，也是体育教学方法优化创新的前提。

体育教学方法的科学化优化操作，具体要求如下。

（1）在实际的体育教学方法优化创新过程中，必须重视教学方法优化策略中的系统性和操作性。

（2）严谨的系统性能使教师对教学有着非常好的整体把握，更强的操作性则能够帮助教师更加方便地执行教学方法。

（3）教学方法将优化应用于具体教学实践，体育教师应重视对教学方法产生的效果进行跟踪了解，可通过学生的学习反馈收集、整理、分析教学方法使用效果的反馈信息，并对教学方法作出优化调整。

（二）教学方法的组合创新

教学方法的组合创新是现代体育教学方法优化组合的必然趋势和要求，具体是指以合作学习法为基础来进行教学方法的优化创新。从本质上讲，教学方法的组合也是对原有教学方法的一种优化措施。

随着社会的飞速发展，体育教学方法不断创新，传统教学方法不断完善，新的体育教学方法层出不穷。在体育教学实践中，教师应对不同的教学方法根据实际教学需求进行组合运用，以便最大限度不同教学方法的优势，促进体育教学质

量的提升。

四、高校体育科学化教学方法的实施

（一）素质教育理念与高校体育教学方法的结合

1. 体育教学在素质教育中的地位

（1）体育教育是素质教育的组成部分

20 世纪 80 年代，素质教育理念开始出现并获得进一步的发展。与以往的“应试教育”注重文化教育和升学率不同，素质教育主要针对的是学生的身心、思想、能力等各方面的发展，对于个人的长远发展具有非常重要的意义。伴随着学校教育的不断发展，教育教学进行了大量的改革，这一改革也是伴随着素质教育理念的推进进行的，体育素质教育也逐渐受到人们的广泛关注。

在学校体育教育中，各门课程的设置要针对学生的特点和发展规律而定。但是在具体的体育教学实践中，有很多体育教师没有深刻认识到体育课的价值与内涵，体育课的价值没有被充分发掘出来。而在素质教育背景下，体育教育逐渐地被人们关注到，体育课程随之被纳入素质教育框架，将体育教育面向全体学生，在实现学生体质提升的同时，实现体育教育的最终目的，将素质理念贯彻落实到日常教学中，实现学生的全面成长[①]。

（2）体育教育是素质教育实施的载体

素质教育的开展需要借助一定的外力，而体育课程就是这样一个良好的载体。因此加强体育课程的建设是非常重要的。通过体育课程的建设与发展，学生有了充足地参加体育锻炼的机会，不仅增强了体质，而且培养了终身体育的意识和能力。在具体的体育锻炼过程中，学生要坚持锻炼，不能荒废。需要注意的是，有时候体育教育会面临一定的困境，学生的素质在某个阶段很难得到有效的提升，这时就需要采取有针对性的措施和手段。因此，体育课程作为素质教育实施的有效载体，需要引起学校教育部门的高度重视。

① 苏飞宇，李祖平 . 体育教育在素质教育中的地位分析 [J]. 文体用品与科技，2020（23）：164–165.

（3）体育教育为素质教育提供了动力

体育教育有着非常重要的作用，学生在进行体育活动的过程中，一方面可以增强自身体质，另一方面还可以有效锻炼心理素质，为实施素质教育，提供有利条件。身体健康是人们从事一切工作的基础，对学生而言，有一个好身体，则是提升自我能力的根本。体育教育是推行素质教育的重要组成部分，学校对体育教学活动的有效组织，推动了素质教育的落实。

2. 素质教育理念下高校体育教学方法的实施

以往，在教学方法的选择上，较少顾及学生的思维力、发展创造力，基本限于达到运动技术教学目的。兴趣对学生来说是非常重要的，它能促进大学生积极地从事各种运动，并产生强烈的动机。现代教育强调各种教学方法有机地结合，采用现代化教学手段。随着现代教育理论的发展，人们越来越重视利用先进的科学技术促进教育事业的改革和创新，多媒体辅助教学已成为一种趋势。例如，体育课堂中运用多媒体技术教学时，图文声像并茂、动静相宜的表现形式，将强化学生对于抽象事物及过程的认识及情感，从而使课堂教学进入一个崭新的领域，取得事半功倍之效。随着计算机及网络技术的发展，多媒体课件也逐渐成为一种新的教学资源。将多媒体教学软件及时运用到体育课上，不仅让学生学习体育知识，也使他们学习到的动作技术得到深化、记忆与掌握并发展其主动思维、观察学习能力，体育课教学效率得到提升。此外，素质教育最显著的特征是学生主体性，更加重视学生个体差异性，所以因材施教显得格外重要。如果我们能把这种思想贯穿于整个体育教育工作之中，那就能够更好地实施素质教育，促进每个学生的整体素质充分发展。为了因材施教，需要采取小班教学的方式，教学条件不容许可采取分组教学的方式，分组可兼顾学生体育水平差异，对不同学生采取不同方式，提出不同要求。

（二）人本主义教育思潮与高校体育教学方法的结合

1. 当代人本主义教育思潮及其教育观的科学阐释

当代人本主义教育思潮，是 20 世纪 60 年代后在西方，尤其是在美国兴盛起来的教育思潮。人本主义的教育思想要使人由非人、客体化处境中获得解放，重新确立人类在世界上的本体地位，让教育从满足社会需要，以人的完美来实现社会的完美。当代人本主义教育思潮中典型的教育观，主要体现在三个方面。

（1）问题的提出。当代人本主义教育观提倡以寻求个体需求为目的的教育价值倾向。人是一个具有不同需要层次的生命个体，而满足这些不同的需求，就构成人们行为的动力。人类的需求可划分为生理、安全、归属、爱情、尊重和自我实现的五个层面。而且只有那些自我实现自己潜力的人，才可能是一个自由人，以及作用于社会。因此，满足和实现自我需要就是人本主义追求教育的价值。

（2）当代人本主义思潮主张教育以实现人的自我实现为宗旨。教育目的使教育价值具体化、现实化，认为“人首先存在、露面、出场，后来才说明自身”。因而，“存在早于本质”，找到自我存在，才是关键。

（3）在当代人本主义教育思潮中，教学被看作是自由和自主创造的过程。人类自主性来自于人类主观性，具体表现在选择和行为上，进而强调教育应发展学生自我意识，培养其自我认识，让他们学会取舍，并且为自己的行为负责。

2. 当代人本主义思潮融入高校体育教学方法创新

首先，要转变教学观念，这是体育教学方法创新与实施的基础。将当代人本主义教育思潮与素质教育的要求相结合，在高校体育教学工作中，首先要转变观念，注重学生创新精神与实践能力的培养，这就需要高教教师改变以往传统的教学方式，将富有趣味的创造性学习方式引入课堂，激发学生的创造潜能。在教学方法的设计和实施上，要注重从学生发展和素质教育入手，教育内容要切合学生实际情况，并对教学内容做适当的重组和丰富。从教学方法来说，要努力适应学生特点，遵循大学生身心发展规律、兴趣爱好和个性发展等方面的需求，给学生以更多的选择余地，让学生能够自主选择体育课程。在教学目标确立方面，要从未来对人才的需求出发，制定教学目标不但要有短期时效性，而且要兼顾长期效能，教学目标要朝多元化方向发展，重视对学生个性的培养，激发其学习的主观能动性。

其次，要提高教师素质，这是体育教学方法创新与实施的前提。教师是教育活动中最活跃的因素之一，教师素质得不到提高，就不会有创新实施。高校的体育教育思想、教育内容的落实，归根结底要靠体育教师来完成。因此，提高教师素质，是实施体育教学创新的前提。在实现教学创新的过程中，高校体育教师也应该不断汲取新的知识和方法，创造性地运用到教学中，只有这样学习体育教育工作才会持续快速健康发展。此外，还要激励教师根据学生在生理、心理、体能上的不同特点，实施动态教学并利用不同考核标准，以满足学生体育学习的个性化需求，激发他们的学习兴趣，实现教学质量的持续改进。

再次，课堂创新的落实，是高校体育教学创新的实施重点。课堂创新实施的目标的一方面，是体育教学模式的改革。现阶段，高教教学创新推行的一大目标，就是转变传统的教学模式，构建新型高等学校体育教学模式，不仅能发挥教师主导作用，而且能发挥学生的主体作用。这一模式下，学生才是课堂的主体，教师仅仅是课堂的组织者和引导者。教师引导学主动探究、深刻理解所学知识，并通过师生之间、生生之间的相互探讨、合作，密切结合理论和实际，通过意义构建，形成自身的知识结构；力求实现学生由被动学习向主动学习、由需要学习向终身体育意识的转变，提高自觉锻炼意识。课堂创新目标的另一方面，是体育教学方法的改革。在科学技术不断发展的今天，传统单一的体育课堂教学已无法满足现阶段高校体育教学的实际需要，现代化教学手段势必要走进体育课堂。运用现代化教学手段，一方面能够实现教学内容的多样化转变，会大大增加课堂的趣味性，激发学生的学习积极性；另一方面，能够培养和锻炼学生主动学习的能力，还可以创造性地运用超时空课堂模式，给课堂教学带来具有开创意义的变化。

最后，要积极革新教学结果的评价方法，同时实现合作意识的建构，引导学生自主学习。在以分数为评价标准的传统的教育观念中，高校对体育教学的评价还停留在统一的考试和测评上。用统一标准要求评价对象，是十分不科学的方法。这样的评价方式导致课堂效果低下、学生消极学习的后果。因此，体育教学评价改革势在必行，要让学生也积极参与到评价中来。这样做的目的，是使学生形成正确认识自己和他人的能力，并为教师评价提供一定依据，最终实现对学生学习情况的综合评价。许多研究证明，体育学习中的一个重要环节就是对学习成果的评价，它可以更好地激发学生的学习热情。建立一种全新的体育学习过程评价模式——以学生为主体的多元式评价，让学生通过自评、互评、小组评价等途径认识学习成果，不仅可以激活体育课堂，还可以激励他们主动学习，促进学生健康

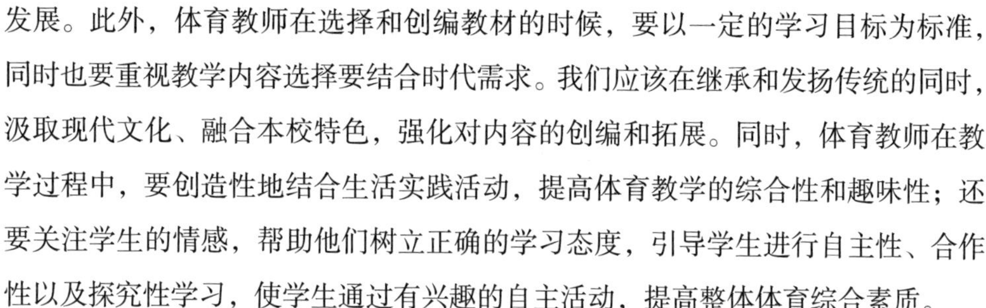
发展。此外，体育教师在选择和创编教材的时候，要以一定的学习目标为标准，同时也要重视教学内容选择要结合时代需求。我们应该在继承和发扬传统的同时，汲取现代文化、融合本校特色，强化对内容的创编和拓展。同时，体育教师在教学过程中，要创造性地结合生活实践活动，提高体育教学的综合性和趣味性；还要关注学生的情感，帮助他们树立正确的学习态度，引导学生进行自主性、合作性以及探究性学习，使学生通过有兴趣的自主活动，提高整体体育综合素质。

参考文献

[1] 谢宾，王新光，时春梅 . 高校体育教学与运动训练研究 [M]. 长春：吉林人民出版社，2021.

[2] 蒋明建，左茜颖，何华 . 高校体育教学体系的建设与发展 [M]. 长春：吉林大学出版社，2020.

[3] 马顺江 . 互联网 + 教育背景下高校体育教学创新思路研究 [M]. 沈阳：辽宁大学出版社，2021.

[4] 孙丽萍 . 新时代高校体育教学理论探索与实务研究 [M]. 长春：吉林大学出版社，2022.

[5] 郑宇梅，孙金刚，宋春梅 . 应用型本科财务管理专业人才培养模式研究 [M]. 长春：吉林科学技术出版社，2019.

[6] 王惠 . 高校体育教学方法研究 [M]. 北京：光明日报出版社，2016.

[7] 杨秀清，任静，于洪波 . 高校体育教学创新方法论 [M]. 北京：中国石化出版社，2020.

[8] 邱天 . 高校体育创新思维的教学与实践 [M]. 厦门：厦门大学出版社，2020.

[9] 陈连华 . 现代高校体育教学及其模式创新 [M]. 西安：陕西旅游出版社，2020.

[10] 王彦林 . 高校体育教学评价研究 [M]. 北京：中国书籍出版社，2018.

[11] 黄琦 . 终身体育理念下的高校体育教学优化 [J]. 冰雪体育创新研究，2022（20）：117-120.

[12] 刘惠喆 ."互联网 +"背景下高校体育教学混合学习模式探索 [J]. 冰雪体育创新研究，2022（19）：123-126.

[13] 曹丹，汤铎 . 体医融合背景下高校体育教学服务平台构建研究 [J]. 青少年体育，2022（9）：116-117.

[14] 张伟 ."互联网 +"在高校体育教学中的应用 [J]. 黑龙江科学，2022，13（13）：153-155.

[15] 冯伦 . 新时代高校体育教学方法创新研究 [J]. 冰雪体育创新研究，2022（13）：

105-108.

[16] 王波 . 依托大数据推进高校体育教学评价改进策略 [J]. 吉林农业科技学院学报，2022，31（3）：76-79.

[17] 郭家骏，于欣慈 . 高校体育教学管理创新与发展思考 [J]. 长春师范大学学报，2022，41（5）：189-191.

[18] 刘晨 . 翻转课堂在高校体育教学中的应用探讨 [J]. 体育视野，2022（9）：49-52.

[19] 王晓，王宇 . 基于 MOOC 的翻转课堂在高校体育教学中的应用探索 [J]. 公关世界，2022（8）：41-42.

[20] 钱立宏 ."以学为中心" 的高校体育教学策略研究 [J]. 体育科技,2022,43（2）：87-88+91.

[21] 曾庆玲 . "MOOC+ 翻转课堂" 在高校体育舞蹈公共课教学中的应用研究 [D]. 阜阳：阜阳师范大学，2022.

[22] 钟立娜 . 基于慕课的翻转课堂教学模式在专门用途英语教学中的应用研究 [D]. 桂林：桂林理工大学，2021.

[23] 张帅 . 翻转课堂引入高校体育教学的学理分析、价值透视及实践策略研究 [D]. 北京：中国矿业大学，2021.

[24] 王鑫桐 . 新时代高校体育教师教学能力评价指标体系研究 [D]. 淮北：淮北师范大学，2021.

[25] 王亦可 . 高校体育在线课程教学面临的挑战及应对策略 [D]. 南京：南京体育学院，2020.

[26] 张昌龙 . 当前我国高校公共体育慕课交互设计与运行中的问题和对策研究 [D]. 南京：南京师范大学，2020.

[27] 莫依婷 . 高校体育教师教学学术能力及提升策略 [D]. 长沙：湖南师范大学，2020.

[28] 万灵娟 . 高校体育智慧课堂教学模式设计及应用研究 [D]. 成都：成都体育学院，2019.

[29] 冯丹 . 基于慕课资源平台的翻转课堂教学模式在大学英语阅读教学中的应用研究 [D]. 兰州：西北民族大学，2019.

[30] 吴芳 . 大数据应用背景下高校体育教学评价体系构建探索 [D]. 太原：中北大学，2019.